全国“八五”普法学习读本系列

Constitution Diagram

图说宪法

（第二版）

全国“八五”普法学习读本编写组 编

法律出版社
LAW PRESS · CHINA
北京

图书在版编目(CIP)数据

图说宪法 / 全国“八五”普法学习读本编写组编
. --2 版. --北京：法律出版社，2022
ISBN 978-7-5197-6616-0

Ⅰ. ①图… Ⅱ. ①全… Ⅲ. ①宪法-中国-通俗读物
Ⅳ. ①D921.05

中国版本图书馆 CIP 数据核字(2022)第 062899 号

图说宪法(第二版)
TUSHUO XIANFA (DI-ER BAN)

全国“八五”普法学习读本编写组 编

策划编辑 沈小英
责任编辑 陈 妮 刘晓萌
装帧设计 贾丹丹 鲍龙卉

出版发行 法律出版社
编辑统筹 法治与经济出版分社
责任校对 王 皓 王 丰
责任印制 吕亚莉
经 销 新华书店

开本 710 毫米×1000 毫米 1/16
印张 11.5 字数 87 千
版本 2022 年 10 月第 1 版
印次 2022 年 10 月第 1 次印刷
印刷 北京盛通印刷股份有限公司

地址：北京市丰台区莲花池西里 7 号(100073)
网址：www.lawpress.com.cn
投稿邮箱：info@lawpress.com.cn
举报盗版邮箱：jbwq@lawpress.com.cn

销售电话：010-83938349
客服电话：010-83938350
咨询电话：010-63939796

书号：ISBN 978-7-5197-6616-0
定价：58.00 元
凡购买本社图书，如有印装错误，我社负责退换。电话：010-83938349

编写说明

党的二十大明确指出："坚持全面依法治国，推进法治中国建设"，"完善以宪法为核心的中国特色社会主义法律体系"。我们在习近平新时代中国特色社会主义思想指导下，深入学习贯彻习近平法治思想，对《图说宪法》进行修订，出版第二版，以落实党的二十大"坚持依法治国首先要坚持依宪治国"，"坚持宪法确定的中国共产党领导地位不动摇"的要求，以及《中央宣传部、司法部关于开展法治宣传教育的第八个五年规划（2021—2025年）》，切实抓好普法学习宣传，增强人民群众法治观念。本书由北京大学法学院教授、中国法学会宪法学研究会秘书长张翔修订，主要修订如下：

在2020年中央全面依法治国工作会议上，习近平法治思想被确定为全面依法治国的指导思想。本次修订增加了习近平总书记关于宪法的重要论述，帮助读者深刻把握习近平法治思想的要义，理解宪法的重要意义。本次修订还增加了我国宪法的指导思想、我国宪法的基本原则等重要知识点，完整全面地介绍公民应知应会的宪法知识。

在结构方面，本次修订严格依据《中华人民共和国宪法》的文本，分"序言和总纲""公民的基本权利和义务""国家机构""国旗、国歌、国徽、首都”来系统介绍我国宪法的基本内容。

此外，结合近年来我国法治建设的新成就、新发展，对部分内容进行了调整。例如，增加了备案审查和合宪性审查的经典案例、民法典落实宪法精神的内容等。

在文字和图画上，我们也力求生动活泼、简洁平易、详略得当，重点突出。

希望本书能为突出宣传宪法，在全社会深入持久开展宪法宣传教育活动，大力弘扬宪法精神，作出应有的贡献。

全国“八五”普法学习读本编写组

2022 年 10 月

Contents

目 录

国家机构

序言和总纲

为什么说宪法与国家前途、人民命运息息相关？

习近平总书记指出：“再往前追溯至新中国成立以来60多年我国宪法制度的发展历程，我们可以清楚地看到，宪法与国家前途、人民命运息息相关。维护宪法权威，就是维护党和人民共同意志的权威。捍卫宪法尊严，就是捍卫党和人民共同意志的尊严。保证宪法实施，就是保证人民根本利益的实现。只要我们切实尊重和有效实施宪法，人民当家作主就有保证，党和国家事业就能顺利发展。反之，如果宪法受到漠视、削弱甚至破坏，人民权利和自由就无法保证，党和国家事业就会遭受挫折。这些从长期实践中得出的宝贵启示，必须倍加珍惜。”

宪法序言的意义是什么？

宪法序言是我国宪法的重要组成部分。

从内容上讲，宪法序言记载了 1840 年以来中国革命、建设、改革的历史及其成就，客观反映了中国近代史发展的客观规律和基本经验，总结了在历史上正反两方面的经验教训，规定了国家在社会主义初级阶段的根本任务，明确了实现国家根本任务的指导思想和“五位一体”建设等国家目标等重要内容。

从效力上讲，宪法序言同样具有最高法律效力。我国宪法的法律效力具有整体性和不可分解性。宪法序言是对宪法精神和内容的高度概括，是宪法不可分割的组成部分，同样具有最高法律效力。

宪法的作用和地位是什么？

我国宪法以国家根本法的形式，确立了中国特色社会主义道路、中国特色社会主义理论体系，回顾了中国特色社会主义制度的发展成果，反映了党和人民的共同意志，体现了我国各族人民的根本利益，是新时代党和国家的中心工作、基本原则、重大方针、重要政策在国家法制上的最高体现。

习近平总书记指出："宪法是国家的根本法，是治国安邦的总章程，具有最高的法律地位、法律权威、法律效力，具有根本性、全局性、稳定性、长期性。全国各族人民、一切国家机关和武装力量、各政党和各社会团体、各企业事业组织，都必须以宪法为根本的活动准则，并且负有维护宪法尊严、保证宪法实施的职责。任何组织或者个人，都不得有超越宪法和法律的特权。一切违反宪法和法律的行为，都必须予以追究。"

我国现行宪法何时公布？

1982年12月4日由全国人民代表大会公布施行。

我国现行宪法修改过几次？

5次。全国人民代表大会（以下将“人民代表大会”简称为“人大”）分别于1988年、1993年、1999年、2004年和2018年对我国1982年宪法个别条款和部分内容作出了必要的，也是十分重要的修正。

我国的“国家宪法日”是哪一天？

12月4日。

2014年11月1日，第十二届全国人民代表大会常务委员会（以下将“人民代表大会常务委员会”简称为“人大常委会”）第十一次会议通过《关于设立国家宪法日的决定》，将12月4日设立为国家宪法日。

“人民代表大会制度是坚持党的领导、人民当家作主、依法治国有机统一的根本政治制度安排，必须长期坚持、不断完善。”

——习近平

我国的国体和政体是什么？

什么是国体？

所谓国体，就是国家的性质，集中反映了社会各阶级、阶层在社会中的不同地位。

我国的国体是什么？

《宪法》第1条第1款规定：“中华人民共和国是工人阶级领导的、以工农联盟为基础的人民民主专政的社会主义国家。”这一规定表明了我国的国体。

什么是政体？

所谓政体，主要是指国家政权的组织形式，国体决定政体。政体是国家政权机关组织和活动的体制，是国家最重要的外在表现形式。

我国的政体是什么？

我国的政体是人民代表大会制度。中华人民共和国的一切权力属于人民，人民行使国家权力的机关是全国人大和地方各级人大。全国人大是最高国家权力机关；地方各级人大是地方国家权力机关。

“要加强对权力运行的制约和监督，把权力关进制度的笼子里”。

——习近平

“宪法是什么？宪法就是一张写着人民权利的纸。”

——列宁

怎样理解宪法的功能？

宪法作为国家根本法，在社会生活的各个领域发挥着统一调整和规范功能。

（1）**确认功能**。确认国家权力的归属，赋予国家统治以法律正当性；确认国家法制统一的原则，为法律体系的协调发展提供统一的基础；确认社会共同体的基本价值目标与原则，为社会共同体的形成和发展提供统一的价值体系。

（2）**保障功能**。宪法对民主制度和人权的发展提供有效的保障。宪法是民主制度法律化的基本形式，对宪法规定的各项民主原则、民主程序与民主生活规则，宪法提供了各种有效的保障。保障人权免于公权力和其他主体的侵害，是宪法的核心功能。

（3）**限制功能**。宪法的限制功能与宪法对人权的保障功能有着密切的联系，如果不对国家权力的行使进行有效的限制，人权保障就会失去必要的基础。宪法同时规定了国家机构的产生程序、职权与职权的具体行使程序等，对国家公权力进行有效限制，使其能够真正为人民服务。

（4）**协调功能**。宪法能够以合理的机制平衡利益，寻求多数社会成员普遍认可的规则，以此作为社会成员普遍遵循的原则。宪法也规定了对少数特殊人群利益的保护，协调多数与少数的利益。

我国宪法的指导思想是什么?

宪法指导思想是指宪法制定、修改和实施的思想理论基础。我国宪法序言规定:“中国各族人民将继续在中国共产党领导下,在马克思列宁主义、毛泽东思想、邓小平理论、‘三个代表’重要思想、科学发展观、习近平新时代中国特色社会主义思想指引下”推进国家的根本任务的实现。马克思列宁主义、毛泽东思想、邓小平理论、“三个代表”重要思想、科学发展观、习近平新时代中国特色社会主义思想,就是我国宪法的指导思想。

我国宪法的基本原则是什么？

宪法的基本原则是制宪者为一个国家的宪法秩序确立的基本的价值决定和判断。贯穿于整个宪法乃至整个国家的社会关系的方方面面。我国宪法的基本原则可以概括为“社会主义原则”“人民主权原则”“民主集中制原则”“民族平等原则”“法治原则”“人权原则”。

我国宪法关于社会主义原则的规定：

第一条　中华人民共和国是工人阶级领导的、以工农联盟为基础的人民民主专政的社会主义国家。

社会主义制度是中华人民共和国的根本制度。中国共产党领导是中国特色社会主义最本质的特征。禁止任何组织或者个人破坏社会主义制度。

我国宪法关于人民主权原则的规定：

第二条　中华人民共和国的一切权力属于人民。

人民行使国家权力的机关是全国人民代表大

会和地方各级人民代表大会。

人民依照法律规定，通过各种途径和形式，管理国家事务，管理经济和文化事业，管理社会事务。

我国宪法关于民主集中制原则的规定：

第三条　中华人民共和国的国家机构实行民主集中制的原则。

全国人民代表大会和地方各级人民代表大会都由民主选举产生，对人民负责，受人民监督。

国家行政机关、监察机关、审判机关、检察机关都由人民代表大会产生，对它负责，受它监督。

中央和地方的国家机构职权的划分，遵循在中央的统一领导下，充分发挥地方的主动性、积极性的原则。

我国宪法关于民族平等原则的规定：

第四条　中华人民共和国各民族一律平等。国家保障各少数民族的合法的权利和利益，维护和发展各民族的平等团结互助和谐关系。禁止对任何民族的歧视和压迫，禁止破坏民族团结和制造民族分裂的行为。

国家根据各少数民族的特点和需要，帮助各

少数民族地区加速经济和文化的发展。

各少数民族聚居的地方实行区域自治，设立自治机关，行使自治权。各民族自治地方都是中华人民共和国不可分离的部分。

各民族都有使用和发展自己的语言文字的自由，都有保持或者改革自己的风俗习惯的自由。

我国宪法关于法治原则的规定：

第五条　中华人民共和国实行依法治国，建设社会主义法治国家。

国家维护社会主义法制的统一和尊严。

一切法律、行政法规和地方性法规都不得同宪法相抵触。

一切国家机关和武装力量、各政党和各社会团体、各企业事业组织都必须遵守宪法和法律。一切违反宪法和法律的行为，必须予以追究。

任何组织或者个人都不得有超越宪法和法律的特权。

我国宪法关于人权原则的规定：

第三十三条第三款　国家尊重和保障人权。

什么是合宪性审查？

合宪性审查是指宪法中规定的特定的国家机关通过法定程序，以特定方式审查和监督法律、法规等规范性文件的合宪性问题。

2014 年 10 月 23 日，《中共中央关于全面推进依法治国若干重大问题的决定》通过，要求全国各族人民、一切国家机关和武装力量、各政党和各社会团体、各企业事业组织，都必须以宪法为根本的活动准则，并且负有维护宪法尊严、保证宪法实施的职责。一切违反宪法的行为都必须予以追究和纠正。

党的十九大报告要求，“加强宪法实施和监督，推进合宪性审查工作，维护宪法权威”。根据 2018 年 6 月 22 日第十三届全国人大常委会第三次会议通过的《关于全国人民代表大会宪法和法律委员会职责问题的决定》的规定，宪法和法律委员会在继续承担统一审议法律草案等工作的基础上，增加推动宪法实施、开展宪法解释、推进合宪性审查、加强宪法监督、配合宪法宣传等工作职责。

案例：强制亲子鉴定是否违宪？

有地方性法规规定，有关行政部门为调查计划生育违法事实，可以要求当事人进行亲子鉴定；对拒不配合的，处以1万元以上5万元以下罚款。有公民对上述规定提出审查建议。

全国人大常委会法工委审查认为，亲子关系涉及公民人格尊严、身份、隐私和家庭关系和谐稳定，受到宪法规定的公民基本权利保护，地方性法规不宜规定强制性亲子鉴定的内容，也不应对此设定相应的行政处罚、处分、处理措施。制定机关对相关规定作出了修改。

民族平等原则是我国处理民族关系的一项重要原则。

民族平等意味着各民族不论人口、经济、风俗习惯、宗教信仰等因素的差异，都是中华民族的一部分，在国家生活中都享有平等的政治地位和法律地位。

《宪法》第4条第1款规定："中华人民共和国各民族一律平等。国家保障各少数民族的合法的权利和利益，维护和发展各民族的平等团结互助和谐关系。禁止对任何民族的歧视和压迫……"

民族自治机关的自治权如何体现？

管理地方财政的自治权

属于民族自治地方的财政收入都应当由民族自治地方的自治机关自主地安排使用

管理经济建设事业的自治权

自治机关在国家计划的指导下，自主地安排和管理地方性的经济建设事业

自主管理教育、科学、文化、卫生、体育事业

保护和整理民族的文化遗产，发展和繁荣民族文化

自行组织公安部队

依照国家的军事制度和当地的实际需要，经国务院批准，可以组织本地方维护社会治安的公安部队

运用当地通用的语言文字

自治机关在执行职务时，依照自治条例的规定，使用当地通用的一种或者几种语言文字

国家发展教育事业的基本政策是什么？

《宪法》第19条第1~4款规定："国家发展社会主义的教育事业，提高全国人民的科学文化水平。国家举办各种学校，普及初等义务教育，发展中等教育、职业教育和高等教育，并且发展学前教育。国家发展各种教育设施，扫除文盲，对工人、农民、国家工作人员和其他劳动者进行政治、文化、科学、技术、业务的教育，鼓励自学成才。国家鼓励集体经济组织、国家企业事业组织和其他社会力量依照法律规定举办各种教育事业。"这就明确指出了国家发展教育事业的基本政策。

我国已经初步建立起以教育专门法和行政法规为骨干，以教育规章和地方性法规为补充的中国特色的教育法律体系。已经颁布并生效的法律有《教育法》《义务教育法》《职业教育法》《高等教育法》《民办教育促进法》《教师法》《学位条例》等。

我国的行政区划体制是什么？

所谓**行政区划**，即行政区域的划分，是根据行政管理的需要，结合本国**政治经济、文化、民族分布、地理交通、人口数量等**情况，把全部领土区分为不同的层级，分级设立相应的行政机关的制度。

《宪法》第30条规定："中华人民共和国的行政区域划分如下：（一）全国分为省、自治区、直辖市；（二）省、自治区分为自治州、县、自治县、市；（三）县、自治县分为乡、民族乡、镇。直辖市和较大的市分为区、县。自治州分为县、自治县、市。自治区、自治州、自治县都是民族自治地方。"《宪法》第31条规定："国家在必要时得设立特别行政区……"

目前，全国共有34个省级行政区。其中，23个省、5个自治区、4个直辖市、2个特别行政区。

根据我国《宪法》第62条、第89条、第107条的规定，我国行政区划变更实行分级审批管理：省、自治区、直辖市的建置和特别行政区的设立及其制度由全国人大批准和决定；省、自治区、直辖市的区域划分及自治州、县、自治县、市的建置和区域划分由国务院批准；乡、民族乡、镇的建置和区域划分由省、直辖市的人民政府决定。

特别行政区是指在我国领土内，根据《宪法》和法律的规定，实行的政治、经济和法律制度不同于一般行政区域的地方行政区域。特别行政区的最大特点是享有高度自治权，原有资本主义制度和生活方式保持50年不变，直辖于中央人民政府。

特别行政区基本法

《香港特别行政区基本法》 1990年4月4日通过 1997年7月1日起实施

《澳门特别行政区基本法》 1993年3月31日通过 1999年12月20日起实施

中央对香港特别行政区、澳门特别行政区行使哪些职权?

- 中央人民政府负责管理与特别行政区有关的外交事务和防务
- 中央人民政府任命特别行政区行政长官和行政机关的主要官员
- 全国人大常委会有权决定特别行政区进入紧急状态
- 全国人大常委会享有对特别行政区基本法的解释权
- 全国人大对特别行政区基本法享有修改权

香港特别行政区和澳门特别行政区的自治权

- 特别行政区享有行政管理权、立法权、独立的司法权和终审权
- 为独立的关税地区，税收制度独立
- 自行制定货币金融政策
- 依照基本法处理有关的对外事务，可以“中国香港”或“中国澳门”的名义单独地同各国、各地区及有关国际组织发展经济、文化关系
- 自行制定有关教育、科学、文化等方面的政策

政治庇护

是指国家对因政治原因受到其本国的通缉或追诉，而请求政治避难的外国人，允许其入境、居留并予以保护，并拒绝其本国政府引渡要求的行为。

政府可以酌情决定是否给予其政治庇护资格。

《宪法》第32条规定：“中华人民共和国保护在中国境内的外国人的合法权利和利益，在中国境内的外国人必须遵守中华人民共和国的法律。中华人民共和国对于因为政治原因要求避难的外国人，可以给予受庇护的权利。”

庇护对象 主要是政治避难者。庇护与政治犯不引渡原则相联系，庇护不仅是不引渡，还包括不予驱逐和准其在境内安居。

庇护范围 主要是本国领土内；驻外使馆和在外国港口的军舰和商船不得用来作为任何罪犯的庇护所。

公民的基本权利和义务

怎样理解“国家尊重和保障人权”？

在2004年《宪法》修改中，在《宪法》第33条增加了一款，规定“国家尊重和保障人权”。这意味着，每个人作为人的权利，都应该得到国家的尊重和保障。“尊重”意味着国家不能不当地干预和限制个人的自由，而“保障”意味着国家要以一切可能的手段，积极帮助个人实现自己的权利。

平等权的性质

平等权是公民的一项基本权利，同时又是一项宪法原则。平等原则要求“对于相同的事情要相同地对待，不同的事情要不同地对待”，并非不允许差别对待，而是要求差别对待必须是有理由的。

平等权的效力

我国《宪法》第33条第2款规定：“中华人民共和国公民在法律面前一律平等”。这意味着平等权约束各个国家机关要平等地适用法律。同时，由于宪法具有最高法律效力，立法机关也受到宪法约束，因此立法机关也要平等地制定法律，不能不合理地作出差别性的规定。

宪法关于平等的规定

权利义务平等	《宪法》第33条第4款规定："任何公民享有宪法和法律规定的权利，同时必须履行宪法和法律规定的义务。"
民族平等	《宪法》第4条第1款规定："中华人民共和国各民族一律平等……"
男女平等	《宪法》第48条第1款规定："中华人民共和国妇女在政治的、经济的、文化的、社会的和家庭的生活等各方面享有同男子平等的权利。"
选举权、被选举权平等	《宪法》第34条规定："中华人民共和国年满十八周岁的公民，不分民族、种族、性别、职业、家庭出身、宗教信仰、教育程度、财产状况、居住期限，都有选举权和被选举权；但是依照法律被剥夺政治权利的人除外。"
信教公民和不信教公民平等	《宪法》第36条第2款规定："……不得歧视信仰宗教的公民和不信仰宗教的公民。"

什么是选举权和被选举权？

选举权和被选举权是公民享有的一项政治权利

选举权是指公民享有选举国家权力机关的代表的权利。

被选举权是指公民享有被选举为国家权力机关的代表的权利。

选举权的特征

普遍性

除国籍、年龄和法律规定外，无其他限制

平等性

每个选民在每次选举中只有一个投票权；选票效力相同

享有选举权和被选举权的条件

- 必须是中国公民
- 必须年满18周岁
- 没有被剥夺政治权利

选举权受到的限制

- 精神病患者的选举权受到限制
- 犯有严重刑事案件或涉嫌有这类罪行的人的选举权受到限制

剥夺选举权和被选举权

依照法律，被剥夺政治权利的人没有选举权和被选举权

选举权和被选举权的另一种表现形式

选举权和被选举权的另一种表现方式是罢免权

罢免权 是指罢免已通过选举产生的特定的代表的权利

直接选举和间接选举并用

1. 全国人大代表，省、自治区、直辖市、设区的市、自治州的人大代表，由下一级人大选举。
2. 不设区的市、市辖区、县、自治县、乡、民族乡、镇的人大代表，由选民直接选举。

言论自由是指公民依据宪法享有的用各种语言形式表达自己的思想或者见解的自由。

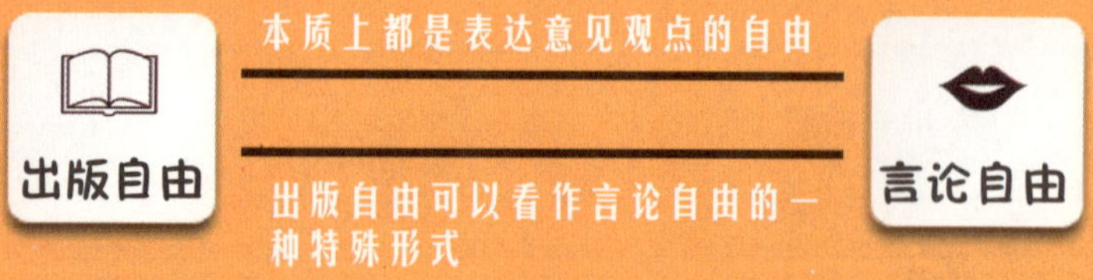

互联网上的言论自由受法律保护吗

公民在互联网上的言论自由受法律保护，可以通过各种形式在网上发表言论。

言论自由有限制吗

国家在**法定范围内**保护公民的言论自由

言论自由受**宪法**和**法律**的合理限制

什么是出版自由？

出版自由 指公民通过出版物表达自己的意见和思想的权利。

1. 在出版物发表作品或者出版作品表达思想的自由
2. 成立出版机构，出版、制作或编印出版物的自由

出版物的形式

《出版管理条例》第28条第1款规定，出版物必须按照国家的有关规定载明作者、出版者、印刷者或者复制者、发行者的名称、地址，书号、刊号或者版号，在版编目数据，出版日期、刊期以及其他有关事项。

第29条规定，任何单位和个人不得伪造、假冒出版单位名称或者报纸、期刊名称出版出版物。

出版物的出版方式

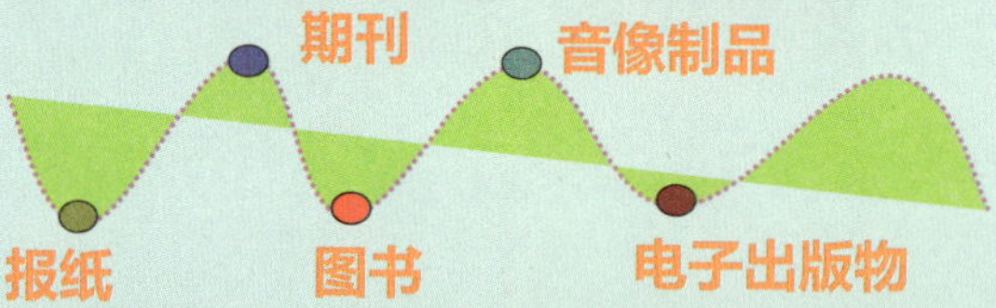

出版物不得含有下列内容

- ☒ 反对宪法确定的基本原则
- ☒ 危害国家统一、主权和领土完整
- ☒ 泄露国家秘密、危害国家安全或者损害国家荣誉和利益
- ☒ 煽动民族仇恨、民族歧视，破坏民族团结，或者侵害民族风俗、习惯

- ☒ 宣扬邪教、迷信
- ☒ 扰乱社会秩序，破坏社会稳定
- ☒ 宣扬淫秽、赌博、暴力或者教唆犯罪
- ☒ 侮辱或者诽谤他人，侵害他人合法权益
- ☒ 危害社会公德或者民族优秀文化传统
- ☒ 有法律、行政法规和国家规定禁止的其他内容

对出版自由的法律保护

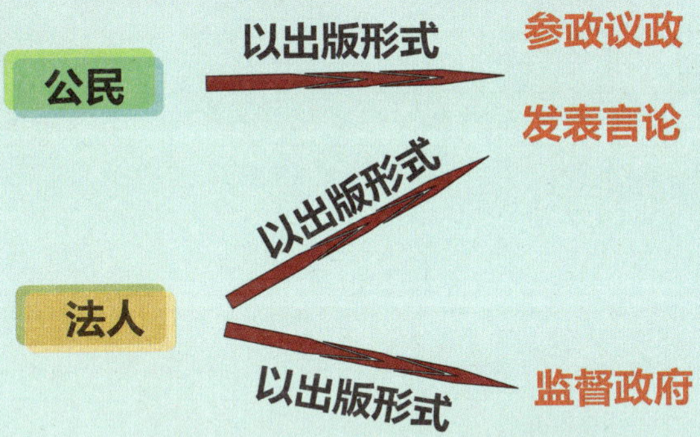

法律责任

擅自设立出版物的出版、印刷等单位或者擅自从事出版物的出版业务的法律责任：

- **予以取缔**
- **追究刑事责任**
- **没收出版物、违法所得、专用工具和设备，并处罚款**

  尚不够刑事处罚的，没收出版物、违法所得和从事违法活动的专用工具、设备，违法经营额1万元以上的，并处违法经营额5倍以上10倍以下的罚款，违法经营额不足1万元的，可以处5万元以下的罚款。

- **侵犯他人合法权益的，依法承担民事责任**

什么是结社自由?

结社含义 → 公民为了某一共同目的，依照法律规定的程序结成某种社会团体，进行社会团体的活动。

分类 →
- 以营利为目的的结社
- 不以营利为目的的结社

特征

结社具有持续性和稳定性。

结社具有固定的组织机构和成员。

结社应遵循法定程序。

结社与一定的利益选择有关。

法律保护

我国《宪法》第35 条规定，公民享有结社的自由。

《社会团体登记管理条例》以及《民办非企业单位登记管理暂行条例》对结社自由作了细化规定。

限制

1 必须遵守宪法、法律、法规和国家政策

2 不得反对宪法确定的基本原则

3 不得危害国家的统一、安全和民族的团结

4 不得损害国家利益、社会公共利益以及其他组织和公民的合法权益

5 不得违背社会道德风尚

成立实行核准登记制度

登记管理机关、业务主管单位监督管理

什么是集会、游行、示威自由？

公民聚集于露天公共场所，发表意见，表达意愿的自由。

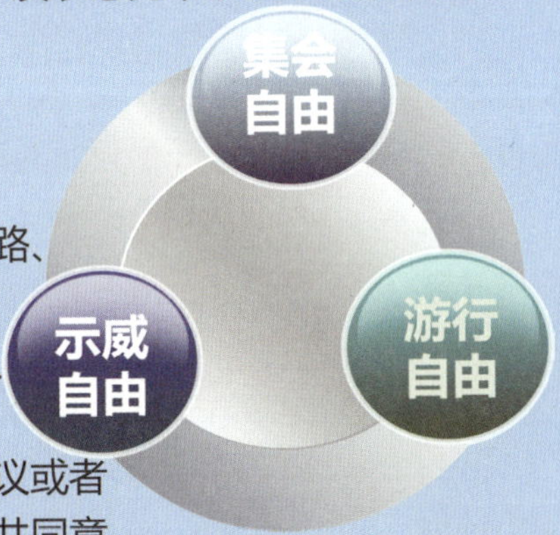

在公共道路、露天公共场所列队行进、表达共同意愿的自由。

在公共道路、露天公共场所以集会、游行、静坐等方式，表达要求、抗议或者支持、声援等共同意愿的自由。

集会、游行、示威自由的特点

- 公民举行的活动
- 通过活动实现自我价值
- 公民表达意愿与思想的一种形式

举行集会、游行、示威的法定程序

- **主管**：举行地的市、县公安局、城市公安分局
- **负责人**（下列人员不得为负责人）
  - 无行为能力人
  - 限制行为能力人
  - 被判处刑罚尚未执行完毕的人
  - 正在被劳动教养的人员
  - 正在被依法采取刑事强制措施的人员
  - 正在被依法采取法律规定的其他限制人身自由措施的人员
- **递交书面申请**：负责人向规定的主管机关亲自递交书面申请，应当出示本人的居民身份证或者其他有效证件，并如实填写申请登记表
- **书面决定**：主管机关在法定期限内作出许可或者不许可的书面决定

集会、游行、示威自由的限制

- 应当和平地进行
- 不得妨碍公务
- 时间：早6时至晚10时，经当地人民政府决定或者批准的除外

集会与游行、示威的区别

状态不同。

- 集会 —— 静态，固定场所
- 游行 —— 动态，列队行进
- 示威 —— 静态或动态，以集会、游行、静坐等方式

表达意愿强度不同。

示威（最强）→ 游行（次之）→ 集会（最弱）

表达方式不同。

- 集会：集中于一个地方或几个地方表达意愿
- 游行：在沿线行进中表达
- 示威：动态示威或者静坐示威

什么是宗教信仰自由？

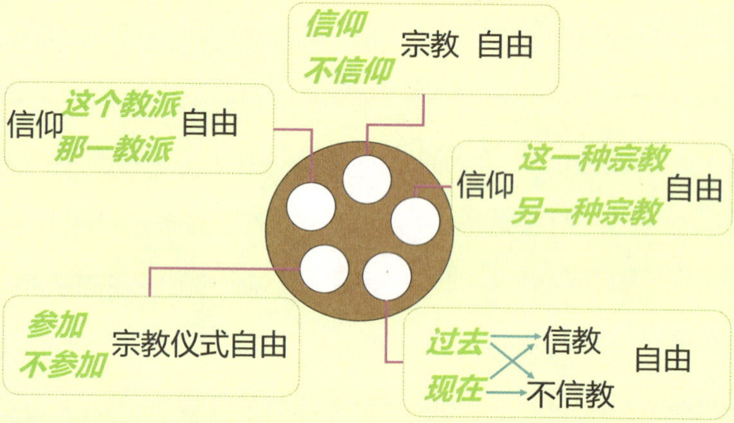

信仰宗教是公民的自主选择

国家机关、社会团体、个人 **不得** 强制公民信仰宗教或者不信仰宗教；歧视信仰宗教或者不信仰宗教的公民

宗教自治原则是什么

宗教团体和宗教事务不受外国势力的支配。

坚持独立自主、自办教会的原则。

宗教活动受法律保护吗

国家保护正常的宗教活动。

宗教活动的限制有哪些

任何人不得利用宗教进行破坏社会秩序、损害公民身体健康、妨碍国家教育制度的活动。

非法剥夺公民宗教信仰自由的处罚

国家工作人员非法剥夺公民的宗教信 仰自由和侵犯少数民族风俗习惯，情节严重的，处2年以下有期徒刑或者拘役。

什么是人身自由？

人身自由是指公民的身体活动不受非法侵犯的自由，又称身体的自由。

1. 任何公民非经人民检察院批准或者决定，或者非经人民法院决定，并由公安机关执行，不受逮捕。
2. 禁止非法拘禁或者以其他方法非法限制、剥夺公民的人身自由。
3. 禁止非法搜查公民的身体。

人身自由保护的法律规定

宪法

任何公民，非经人民检察院批准或者决定或者人民法院决定，并由公安机关执行，不受逮捕。

刑法

非法拘禁他人或者以其他方法非法剥夺他人人身自由的，处3年以下有期徒刑、拘役、管制或者剥夺政治权利。具有殴打、侮辱情节的，从重处罚……

国家赔偿法

国家机关和国家机关工作人员行使职权，有本法规定的侵犯公民、法人和其他组织合法权益的情形，造成损害的，受害人有依照本法取得国家赔偿的权利。

限制、剥夺人身自由的刑事强制措施

拘传：填写拘传证不得超过12小时，不得以连续拘传形式变相拘禁

取保候审：提出保证人交纳保证金

监视居住：在规定期限不得离开住处或指定居所

拘留：在24小时内讯问

逮捕：为防止犯罪嫌疑人或者被告人实施妨碍刑事诉讼的行为

限制、剥夺人身自由的刑罚

列举以下两种：

刑罚

有期徒刑：期限一般为6个月以上，15年以下。数罪并罚可延长到25年。

无期徒刑：适用于不必判处死刑，罪行严重危害国家安全的犯罪分子和其他重大刑事犯罪分子以及严重的经济犯罪分子。

侵犯他人人身自由的法律责任

治安管理处罚法

非法限制他人人身自由、非法搜查他人身体，尚未构成犯罪的，由公安机关处10日以上15日以下拘留，并处500元以上1000元以下罚款；情节较轻的，处5日以上10日以下拘留，并处200元以上500元以下罚款。

刑　法

非法搜查他人身体，构成犯罪的，处3年以下有期徒刑或者拘役。司法工作人员滥用职权犯上述罪的，从重处罚。

非法拘禁他人或者以其他方法非法剥夺他人人身自由，构成犯罪的，处3年以下有期徒刑、拘役、管制或者剥夺政治权利。具有殴打、侮辱情节的，从重处罚。致人重伤的，处3年以上10年以下有期徒刑；致人死亡的，处10年以上有期徒刑。使用暴力致人伤残、死亡的，依照刑法有关故意伤害、故意杀人的规定定罪处罚。国家机关工作人员利用职权犯上述罪的，从重处罚。

什么是人格尊严权？

Part 1

人格权的含义

人格权：与个人的人格价值具有关联性利益的、不可侵犯的权利。

如：

名誉权　姓名权　生命健康权
肖像权　隐私权

广义的人格权 → 个人生命、个人生活、身体、精神 相关联的利益

Part 2 人格尊严的含义

人的主体性和独立性应该得到承认和尊重。人不应该被当作工具。

Part 3 人格尊严的法律保护

宪法： 中华人民共和国公民的人格尊严不受侵犯。

侮辱： 使用暴力或其他方法，公然贬低他人人格、损害他人名誉的行为。

诽谤： 故意捏造并散布虚假事实，无中生有，损害他人人格尊严的行为。

诬告陷害： 对公民为达到陷害目的，通过捏造虚假事实，以口头的、书面的、署名的或者匿名的方式，向有关机关或者单位作虚假告发的行为。

Part 4 公民死亡后的人格权保护

死者的姓名、肖像、名誉、荣誉、隐私、遗体等受到侵害的，其配偶、子女、父母有权依法请求行为人承担民事责任；死者没有配偶、子女且父母已经死亡的，其他近亲属有权依法请求行为人承担民事责任。

Part 5 侵犯人格尊严的法律责任

民事责任

有权要求停止侵害，恢复名誉，消除影响，赔礼道歉，并可以要求赔偿损失。受害人还可以向人民法院起诉请求赔偿精神损害。

行政责任

由公安机关处以5日以下拘留或者500元以下罚款；情节较重的，处5日以上10日以下拘留，可以并处500元以下罚款。

刑事责任

以暴力或其他方法公然侮辱他人或者捏造事实诽谤他人，情节严重的，处3年以下有期徒刑、拘役、管制或者剥夺政治权利。

什么是住宅权？

住宅是公民居住、生活和休息的场所，是个人不受干扰的秘密空间。固定宿舍、旅馆等居住场所也属于公民住宅。

住宅权的含义

公民的住宅不能随意进入和搜查

《治安管理处罚法》规定，公安机关对与违反治安管理行为有关的场所可以进行检查。

具备条件：

不得少于两名人民警察

出示工作证件

县级以上人民政府公安机关开具的检查证明文件

《刑事诉讼法》第136条规定，为了收集犯罪证据、查获犯罪人，侦查人员可以对犯罪嫌疑人以及可能隐藏罪犯或者犯罪证据的人的身体、物品、住处和其他有关的地方进行搜查。

✕ 非法闯入或搜查

✕ 监听或窥视家庭生活

住宅权的法律保护

什么是非法侵入公民住宅

非司法机关工作人员未依据法律规定擅自进入他人住宅，或者未经主人同意而侵入他人住宅的行为。

《宪法》第39条：中华人民共和国公民的住宅不受侵犯。禁止非法搜查或者非法侵入公民的住宅。

非法侵入他人住宅，尚未构成犯罪 → 拘留：10~15日；罚款：500~1000元

非法侵入他人住宅，尚未构成犯罪 → 拘留：5~10日；罚款：200~500元（情节较轻）

非法搜查或非法侵入他人住宅构成犯罪的 → 3年以下有期徒刑或者拘役

什么是通信自由和通信秘密权？

一、通信自由和通信秘密的含义

公民的通信(包括书信、电报、电话、电子邮件和其他电子通信方式)，他人不得隐匿、毁弃、拆阅或者窃听，也不得干扰或者阻断通信。

二、通信自由和通信秘密的法律保护

通信自由

通信秘密

法律保护

国家安全或追查刑事犯罪

公安机关或检察机关依法定程序检查 ✓

任何组织或个人不得以任何理由侵犯公民通信自由和通信秘密

三、可以依法检查公民通信的主体

✓ 公安机关

✓ 国家安全机关

✓ 检察机关

依法检查公民通信

四、侵犯公民通信自由的法律责任

1 行政责任

01 冒领、隐匿、毁弃、私自开拆或者非法检查他人邮件的，处5日以下拘留或者500元以下罚款。

2 刑事责任

02 隐匿、毁弃或非法开拆他人信件，侵犯公民通信自由权利，情节严重的，处1年以下有期徒刑或者拘役。

03 邮政工作人员私自开拆或者隐匿、毁弃邮件、电报的，处2年以下有期徒刑或者拘役。

1 批评、建议和申诉、控告、检举权的含义

- **批评、建议权：** 公民对于任何国家机关和国家工作人员，有提出批评和建议的权利。

- **申诉权：** 在诉讼程序中，刑事诉讼、民事诉讼、行政诉讼当事人或者其他公民，对已经发生法律效力的判决或裁定认为有错误时，有依法向司法机关提出申诉，请求重新处理的权利；在非诉讼过程中，申诉是指公民直接向有关机关提出申诉，如申请行政复议。

- **控告或检举权：** 公民对于任何国家机关和工作人员的违法失职行为，有向有关国家机关提出控告或检举，并请求国家给予惩罚或制裁的权利。

2 批评、建议和申诉、控告、检举权的实施

A **批评权**针对国家机关和国家工作人员工作中的缺点和错误。

B **建议权**是指对国家机关和国家工作人员的工作提出意见的权利。

C **申诉权**是指因行政机关或司法机关作出的错误的、违法的决定或判决，或因国家工作人员的违法失职行为而受到侵害，受害公民有向有关机关申诉理由，要求重新处理的权利。

D **控告、检举权**是指公民针对国家机关和国家工作人员工作中的侵权行为、违法失职行为可向有关机关提出控告或检举的权利。

3 国家赔偿

行政赔偿

侵犯人身权：
①违法拘留或者违法采取限制公民人身自由的行政强制措施的；
②非法拘禁或者以其他方法非法剥夺公民人身自由的；
③以殴打、虐待等行为或者唆使、放纵他人以殴打、虐待等行为造成公民身体伤害或者死亡的；
④违法使用武器、警械造成公民身体伤害或者死亡的；
⑤造成公民身体伤害或者死亡的其他违法行为。
(见《国家赔偿法》第3条)

侵犯财产权：
①违法实施罚款、吊销许可证和执照、责令停产停业、没收财物等行政处罚的；
②违法对财产采取查封、扣押、冻结等行政强制措施的；
③违法征收、征用财产的；
④造成财产损害的其他违法行为。
（见《国家赔偿法》第4条）

刑事赔偿

侵犯人身权

①违反《刑事诉讼法》对公民采取拘留措施或拘留时间超过规定时限，其后决定撤销案件、不起诉或判决宣告无罪终止追究刑责的；

②对公民采取逮捕措施后，决定撤销案件、不起诉或判决宣告无罪终止追究刑责的；

③依照审判监督程序再审改判无罪，原判刑罚已执行的；

④刑讯逼供或以殴打、虐待等行为或唆使、放纵他人以殴打、虐待等行为造成公民身体伤害或死亡的；

⑤违法使用武器、警械造成公民身体伤害或死亡的。

侵犯财产权

①违法对财产采取查封、扣押、冻结、追缴等措施的；

②依照审判监督程序再审改判无罪，原判罚金、没收财产已执行的。

4 国家不承担赔偿责任的情形

01 因公民、法人和其他组织自己的行为致使损害发生的；公民自己故意作虚伪供述，或伪造其他有罪证据被羁押或被判处刑罚的。

02 依照《刑法》第17条、第18条规定不负刑事责任的人被羁押的；依照《刑事诉讼法》第16条、第177条第2款、第284条第2款、第290条规定不追究刑事责任的人被羁押的。

03 行政机关工作人员，行使侦查、检察、审判职权的机关以及看守所、监狱管理机关的工作人员与行使职权无关的个人行为。

04 因公民自伤、自残等故意行为致使损害发生的。

05 法律规定的其他情形。

5 批评、建议和申诉、控告、检举权的法律限制和保护

①不得捏造或者歪曲事实诬告陷害。

②公民行使监督权时应当遵守相关法律规定。

③有关国家机关在查清事实，进行处理后，相关国家工作人员不得压制和打击报复。

什么是劳动权?

Part 1 劳动权的含义

一切有劳动能力的公民 → 国家保障

- 获得工作机会
- 取得劳动报酬

Part 2 劳动权的内容

01 劳动者享有平等就业权

02 劳动者享有选择职业的权利

03 劳动者享有取得劳动报酬的权利

04 劳动者享有休息休假的权利

05 劳动者享有获得劳动安全卫生保护的权利

06 劳动者享有接受职业技能培训的权利

07 劳动者享有社会保险和福利待遇的权利

08 劳动者享有提请劳动争议处理的权利

09 劳动者享有法律规定的其他劳动权利

什么是劳动义务？

劳动义务的含义

劳动是个人谋生的手段，也是为国家和社会积累物质财富和精神财富的基本方式，公民在享受国家提供的物质保障的同时，也应当为国家履行相应的义务。

《宪法》第42条第1款规定："中华人民共和国公民有劳动的权利和义务。"

劳动义务的内容

我国公民应当履行以下劳动义务：

什么是休息权？

休息权是与劳动权相对应的一种权利，是劳动者享有的特定权利。休息权是指劳动者享有的休息和休养的权利，是劳动者在进行劳动后为解除疲劳、恢复正常的劳动能力所必需的权利。休息权是劳动者实现生存权的重要条件。

法律保护

我国《宪法》第43条规定："中华人民共和国劳动者有休息的权利。国家发展劳动者休息和休养的设施，规定职工的工作时间和休假制度。"休息权主要通过国家规定的**工作时间**和**休假制度**予以实现。

每日工作时间不超过8小时

每周工作时间不超过44小时

★ 用人单位应当保证劳动者每周至少休息一日。

★ 国家机关、事业单位实行统一的工作时间，星期六和星期日为周休息日。

休假制度

- 休假制度是劳动者根据国家和用人单位规定所享有的暂离工作岗位，保留工资进行休息和休假的制度。
- 根据《劳动法》规定，劳动者连续工作1年以上的，享受带薪年休假。

全体公民放假的节日有哪些？

- 新年（元旦）
- 春节
- 清明节
- 劳动节
- 端午节
- 中秋节
- 国庆节

单位确因工作需要不能安排职工休年休假 → 经职工本人同意可不安排职工休年休假 → **对职工应休未休天数，单位应当按照该职工日工资收入的300%支付年休假工资报酬**

工资报酬

《劳动法》规定，有下列情形之一的，用人单位应当按照下列标准支付高于劳动者正常工作时间工资的工资报酬：

安排劳动者延长工作时间的，支付不低于工资的150%的工资报酬

休息日安排工作又不能补休的，支付不低于工资的200%工资报酬

法定休假日安排劳动者工作的，支付不低于工资的300%工资报酬

法律责任

单位不安排职工休年休假又不依法给予年休工资报酬的，由县级以上地方人民政府人事部门或劳动保障部门依据职权责令限期改正

逾期不改正，除责令该单位支付年休假工资报酬外，单位还应当按照年休假工资报酬数额向职工加付赔偿金

对拒不支付年休假工资报酬、赔偿金的，属于公务员和参照公务员法管理的人员所在单位的，对直接负责的主管人员及其他直接负责人员依法给予处分

属于其他单位的，由劳动保障部门、人事部门或者职工申请人民法院强制执行

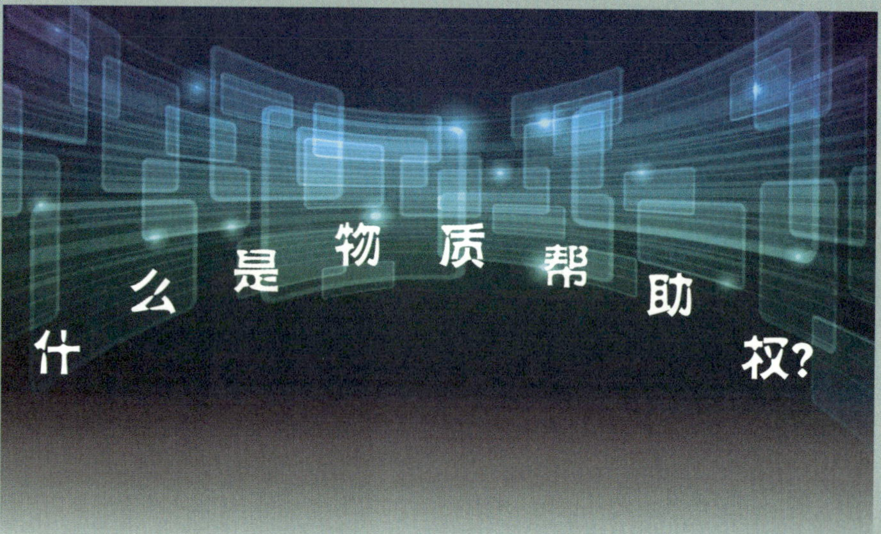

Part 1

物质帮助权的含义

物质帮助权是公民因特定原因不能以自己的劳动获得物质资料或以劳动获得的物质资料不能完全满足自己的生活需要时，有从国家和社会获得生活保障、享受社会福利的一种权利。

我国《宪法》第45条第1款规定：“中华人民共和国公民在**年老、疾病或者丧失劳动能力**的情况下，有从国家和社会获得物质帮助的权利。国家发展为公民享受这些权利所需要的社会保险、社会救济和医疗卫生事业。”

Part 2 残疾军人、烈士家属、军人家属享有的物质帮助权

抚恤优待对象

- 中国人民解放军现役军人
- 服现役或者退出现役的残疾军人
- 病故军人遗属
- 退伍军人
- 因公牺牲军人遗属
- 复员军人
- 烈士遗属
- 现役军人家属

《军人抚恤优待条例》规定

- 现役军人死亡，根据其死亡性质和死亡时的月工资标准，由县级人民政府民政部门发给其遗属一次性抚恤金。
- 对生前做出特殊贡献的烈士、因公牺牲的军人、病故军人，除了发给其遗属一次性抚恤金外，军队可以按照有关规定发给其遗属一次性特别抚恤金。
- 对烈士遗属、因公牺牲军人遗属、病故军人遗属，在符合法定条件时，也要发给定期抚恤金。
- 现役军人残疾被认定为因战致残、因公致残或者因病致残的，依照《军人抚恤优待条例》的规定享受抚恤。

Part 3

残疾人享有的物质帮助权

(1)国家和社会帮助安排盲、聋、哑和其他有残疾的公民的劳动、生活和教育。
(2)国家兴办残疾人学校，建立残疾人培训中心，为残疾人提供就业机会，按照残疾人的生理状况，创造特别的劳动条件。

对有经济困难或者其他原因确需法律援助或者司法救助的残疾人，当地法律援助机构或者人民法院应当给予帮助，依法为其提供法律援助或者司法救助。

Part 4

老年人享有的物质帮助权

- 国家建立养老保险制度，保障老年人的基本生活。老年人依法享有的养老金和其他待遇应当得到保障。
- 按时足额支付养老金，不得无故拖欠，不得挪用。
- 国家根据经济发展、人民生活水平提高和职工工资增长的情况增加养老金。

Part 5

城市居民享有的物质帮助权

城市居民收入低于当地城市最低生活保证标准的，有请求获得基本生活物质帮助的权利。

城市居民最低生活保障标准，按照当地维持城市居民基本生活所必需的衣、食、住费用，并适当考虑水电燃气费用以及未成年人的义务教育费用确定。

什么是受教育权？

受教育权的含义

受教育权是指公民有从国家获得接受教育的机会以及接受教育的物质帮助的权利。

形式

- 01 …………学校教育
- 02 …………社会教育
- 03 …………成人教育
- 04 …………自学教育等

等级

1. 学前教育
2. 初等教育
3. 中等教育
4. 高等教育
5. 职业教育等

受教育权的内容

接受教育的权利

国家培养青年、少年、儿童在品德、智力、体质、美育等方面全面发展。

1

接受教育机会平等的权利

我国公民在宪法和法律规定的范围内，平等地享有受教育权。

2

无偿接受义务教育的权利

我国目前实行九年义务制教育，国家对接受义务教育的学生免收学费，并设立助学金奖学金。

3

我国教育制度的立法体系

我国已经初步形成了关于教育制度的法律体系。

这些法律主要有《教育法》《义务教育法》《教师法》《高等教育法》《民办教育促进法》等。

“十四五”规划

①推进基本公共教育均等化。
②增强职业技术教育适应性。
③提高高等教育质量。
④建设高素质专业化教师队伍。
⑤深化教育改革。

“十四五”规划教育提质扩容工程
01 普惠性幼儿园 以人口集中流入地、农村地区和“三区三州”为重点，新建、改扩建 2 万所幼儿园，增加普惠学位 400 万个以上。
02 基础教育 以教育基础薄弱县和人口流入地为重点，新建、改扩建中小学校 4000 所以上。在边境县（团场）建设 100 所“国门学校”。
03 职业技术教育 支持建设 200 所以上高水平高职学校和 600 个以上高水平专业，支持建设一批优秀中职学校和优质专业。
04 高等教育 加强“双一流”建设高校基础研究和协同创新能力建设，提升 100 所中西部本科高校办学条件，布局建设一批高水平公共卫生学院和高水平师范院校。
05 产教融合平台 围绕集成电路、人工智能、工业互联网、储能等重点领域，布局建设一批国家产教融合创新平台和研究生联合培养基地。建设 100 个高水平、专业化、开放型产教融合实训基地。

什么是科学研究、文学艺术创作和其他文化活动自由？

Part 1

科学研究、文学艺术创作和其他文化活动自由的含义

科学研究自由是指公民享有通过各种方式从事社会科学和自然科学研究，在研究中选择科学研究课题，研究和探索问题，交流学术思想，发表个人学术见解的自由。

文艺创作自由是指公民有发挥个人的文学艺术创作才能，创作各种形式的文学艺术作品的自由。

从事其他文化活动的自由是指公民享有的从事除了科学研究和文艺创作之外的其他文化活动的自由。

Part 2

科学研究、文学艺术创作和其他文化活动自由的内容

1 科学研究自由的内容

01 公民有权探讨科学领域问题，不受任何机关、团体和个人的非法干涉。

02 公民有权通过各种形式发表自己的研究成果。

03 国家积极创造条件，鼓励和奖励科研人员，保护科研成果。

2 文学艺术创作自由，是指公民有权自由地创作包括文学和艺术领域在内的一切作品，如图书、演讲、戏剧、舞蹈、乐曲、电影作品、图画、摄影作品等，还包括翻译、改编、文学或艺术作品的其他演绎作品。

3 其他文化活动自由的内容主要包括欣赏文艺作品，利用文化馆、出版社、图书馆从事文化活动等。

Part 3

科学研究、文学艺术创作和其他文化活动自由的保护

我国《宪法》第47条规定："中华人民共和国公民有进行科学研究、文学艺术创作和其他文化活动的自由。国家对于从事教育、科学、技术、文学、艺术和其他文化事业的公民的有益于人民的创造性工作，给予鼓励和帮助。"

我国《宪法》第22条第1款规定："国家发展为人民服务、为社会主义服务的文学艺术事业、新闻广播电视事业、出版发行事业、图书馆博物馆文化馆和其他文化事业，开展群众性的文化活动。"

我国宪法确认对公民其他文化活动自由的保护，其他文化活动自由不受国家权力的非法干预和限制。国家应当为公民进行其他文化活动创造必要的物质条件和设施。

妇女权利：妇女在政治生活、社会生活和家庭生活中具有与男子同等地位和待遇的权利。

保护妇女的合法权利主要体现在以下几方面：

1 政治权利

- ✓ 国家保障妇女享有与男子平等的政治权利。
- ✓ 妇女有权参与国家事务，有选举权和被选举权。

2 社会经济权利

妇女在经济生活中享有与男子同等就业、同工同酬、特殊劳动保护等权利。

特殊劳动保护

- 任何单位不得因结婚、怀孕、产假、哺乳等情形，降低女职工的工资，辞退女职工，单方解除劳动(聘用)合同或者服务协议。
- 但是，女职工要求终止劳动(聘用)合同或者服务协议的除外。

3 家庭生活中的平等权

- **在家庭生活方面**，妇女享有和男子同等的权利。我国实行婚姻自由、一夫一妻、男女平等的婚姻制度。夫妻双方都有参与生产、工作、学习和生活的自由。
- **在婚姻生活方面**，我国法律给予妇女特别的照顾。

✓ 女方在怀孕期间、分娩后一年内或中止妊娠后六个月内，男方不得提出离婚。女方提出离婚的，或人民法院认为确有必要受理男方离婚请求的，不在此限。

✓ 离婚后，哺乳期内的子女，以随哺乳的母亲抚养为原则。

4 刑事搜查中的特殊权利

搜查妇女身体必须由女性工作人员进行。这样的规定照顾到了妇女的生理感受及心理感受。

刑 事 搜 查

宪法和法律如何保障儿童权利？

家庭篇

父母或其他监护人的义务

1 禁止对未成年人实施家庭暴力；不得虐待、遗弃未成年人；不得歧视女性或有残疾的未成年人；禁止溺婴、弃婴。

2 必须使适龄未成年人接受义务教育。

3 以健康的思想、良好的品行和适当的方法教育和影响未成年人，预防和制止未成年人吸烟、酗酒、吸毒等行为。

4 不得允许或迫使未成年人结婚及订婚。

5 不履行监护职责或侵害未成年人合法权益的，应依法担责。

学校篇

学校及老师的主要监护义务

1 关心爱护学生；对品行有缺点、学习有困难的学生应教育、帮助，不得歧视。

2 不得随意开除未成年学生。

3 尊重未成年人的人格尊严，不得实施体罚、变相体罚。

4 不得使学生在危及人身安全健康的校舍中活动。

5 安排集体活动，应防止发生人身安全事故。

6 幼儿园应促进幼儿在体质、智力、品德等方面和谐发展。

政府、单位、社会团体及其他组织的主要义务

1 建立和改善活动场所和设施。

2 博物馆、科技馆、影剧院、体育场（馆）等场所，应当对未成年人免费或者优惠开放。

3 营业性舞厅等不适宜未成年人活动的场所，不得允许未成年人进入。

4 严禁向未成年人出售、出租淫秽、暴力等内容的图书、报刊、音像制品等。

5 任何人不得在未成年人集中活动的室内吸烟、饮酒。

6 不得招用未满16周岁未成年人，国家另有规定的除外。依照国家规定招用16~18周岁的未成年人的，应在工种、劳动时间、劳动强度等方面执行国家规定。

7 对流浪乞讨或离家出走的未成年人，公安部门或其他有关部门应护送其到救助场所，并及时通知其父母或其他监护人；暂时无法查明的，由儿童福利机构收留抚养。

8 地方各级人民政府应当积极发展托幼事业。

9 卫生部门应当做好对儿童的预防接种工作。

父母抚养教育未成年子女的义务有哪些？

父母抚养教育未成年子女义务的含义

抚养 父母对其未成年子女承担经济上供养、生活上照顾的法定义务。

教育 父母在家庭中对未成年子女在思想、道德、学习、生活等方面给予培养的过程。

内容有哪些

1. 创造良好、和睦的家庭环境，依法履行对未成年子女的监护职责和抚养义务。
2. 关注未成年子女生理、心理状况和行为习惯，以健康的思想、良好的品行和方法教育影响未成年子女。
3. 不得虐待、遗弃未成年子女；不得歧视女性未成年子女或者有残疾的未成年子女。
4. 学习家庭教育知识，正确履行监护职责，抚养教育未成年子女。

5 尊重未成年子女受教育的权利。

6 根据未成年子女的年龄和智力发展状况，在作出与未成年子女权益有关的决定时告知其本人，并听取他们的意见。

7 不得允许或者迫使未成年子女结婚。

8 因外出务工或其他原因不能履行对未成年子女监护职责的，应当委托有监护能力的其他成年人代为监护。

9 不得允许未满16周岁的未成年子女做童工。

10 对8岁以上的未成年子女的信件不得随意开拆。

11 作为未成年子女的监护人，承担其法定代理人的责任。

父母不依法履行监护职责，或者侵害未成年子女合法权益的，由其所在单位或者居民委员会、村民委员会予以劝诫、制止；构成违反治安管理行为的，由公安机关依法给予行政处罚。

无正当理由未送适龄儿童、少年入学接受义务教育的，由当地乡镇人民政府或者县级人民政府教育行政部门给予批评教育，责令限期改正。

父母对成年子女在特殊情况下也有教育抚养义务

1 丧失劳动能力或者丧失部分劳动能力，其收入不足以维持生活的。

2 尚在校就读的。

3 确无独立生活能力和条件的。

子女赡养父母的义务有哪些？

赡养 指子女在经济上为父母提供必需的生活用品和费用的行为，即承担一定的经济责任，提供必要的经济帮助，给予物质上的帮助。子女对父母的赡养义务，不仅发生在婚生子女与父母间，而且发生在养子女与养父母间，以及继子女与履行了抚养教育义务的继父母间。

赡养义务

A 赡养人应当履行对老年人经济上供养、生活上照料和精神上慰藉的义务，照顾老年人的特殊需要。

B 赡养人应当使患病的老年人及时得到治疗和护理。

C 赡养人不得以放弃继承权或者其他理由，拒绝履行赡养义务。赡养人不履行赡养义务，老年人有要求赡养人付给赡养费的权利。赡养人不得要求老年人承担力不能及的劳动。

D 老年人的婚姻自由受法律保护。子女或者其他亲属不得干涉老年人离婚、再婚和婚后的生活。赡养人的赡养义务不因老年人的婚姻关系变化而消除。

老年人有权依法处分个人的财产，子女或者其他亲属不得干涉，不得强行索取老年人的财物。老年人有依法继承父母、配偶、子女或者其他亲属遗产的权利，有接受赠与的权利。

不依法赡养父母应承担的法律责任

婚姻法

- 子女不履行赡养义务时，无劳动能力或生活困难的父母，有要求子女给付赡养费的权利；
- 对于拒不履行者，可通过诉讼解决；
- 对于情节恶劣构成犯罪者，依法追究其刑事责任。

宪法和法律如何保障老年人权利？

宪法

中华人民共和国公民在年老、疾病或者丧失劳动能力的情况下，有从国家和社会获得物质帮助的权利。国家发展为公民享受这些权利所需要的社会保险、社会救济和医疗卫生事业。

老年人权益保障法

家庭关系中 赡养人的义务

- 经济上供养、生活上照料、精神上慰藉。
- 使患病老年人及时得到治疗和护理。
- 妥善安排老年人住房，不得强迫其居住或迁居条件低劣房屋。
- 耕种或者委托他人耕种老年人承包的田地，照管或者委托他人照管老年人的林木和牲畜等，收益归老年人所有。
- 老年人的婚姻自由受法律保护，赡养义务不因此消除。

社会关系中 国家机构社会组织的义务

国家对经济困难的老年人给予基本生活、医疗、居住或者其他救助。

老年人无劳动能力、无生活来源、无赡养人和扶养人，或者其赡养人和扶养人确无赡养能力或者扶养能力的，由地方各级人民政府依照有关规定给予供养或者救助。对流浪乞讨、遭受遗弃等生活无着的老年人，由地方各级人民政府依照有关规定给予救助。

国家建立和完善老年人福利制度，根据经济社会发展水平和老年人的实际需要，增加老年人的社会福利。各级人民政府应当根据经济发展水平和老年人服务需求，逐步增加对养老服务的投入。

损害老年人利益 应承担相应刑责

国家工作人员违法失职，致使老年人合法权益受到损害，构成犯罪的，依法追究刑事责任。

干涉老年人婚姻自由，对老年人负有赡养义务、扶养义务而拒绝赡养、扶养，虐待老年人或者对老年人实施家庭暴力，构成犯罪的，依法追究刑事责任。

家庭成员盗窃、诈骗、抢夺、侵占、勒索、故意损毁老年人财物，构成犯罪的，依法追究刑事责任。

侮辱、诽谤老年人，构成犯罪的，依法追究刑事责任。

残疾人是指在心理、生理、人体结构上，某种组织、功能丧失或者不正常，全部或者部分丧失以正常方式从事某种活动能力的人。

教育篇

国家保障残疾人享有平等接受教育的权利。政府、社会、学校应帮助残疾儿童、少年完成义务教育。

劳动就业篇

国家保障残疾人劳动的权利

- ☑ 政府和社会举办残疾人福利性单位，集中安排就业
- ☑ 国家机关、社会团体、企业事业单位、民办非企业单位应按规定比例安排残疾人就业
- ☑ 达不到规定比例，按国家规定履行保障就业义务

文化生活篇

国家保障残疾人享有平等参与文化生活的权利

- 政府和社会通过多种形式，宣传报道残疾人的工作、生活等情况
- 组织和扶持残疾人读物的编写和出版，在公共图书馆设立盲文读物、有声读物图书室
- 开办电视手语节目，开办残疾人专题广播栏目，推进影视作品加配字幕、解说等

社会保障篇

国家保障残疾人享有各项社会保障的权利

- 残疾人及其所在单位应参加社会保险
- 鼓励、帮助残疾人参加社会保险
- 对生活确有困难的残疾人，给予社会保险补贴

社会生活篇

国家和社会应为残疾人平等参与社会生活创造无障碍环境。

优先推进与残疾人密切相关的公共服务设施的改造。

华侨、归侨、侨眷有哪些特殊权利？

华侨 定居在国外的中国公民

归侨 已经回到祖国定居的华侨

侨眷 华侨、归侨在国内的眷属

华侨、归侨、侨眷被写入宪法，予以保护

中华人民共和国保护华侨的正当的权利和利益，保护归侨和侨眷的合法的权利和利益。

优惠政策

1. 归侨、侨眷有权依法申请成立社会团体，进行合法的社会活动。团体财产受法律保护。

2. 国家对安置归侨的农场、林场等企业给予扶持，其所在的地方，可以根据需要合理设置学校和医疗保健机构，国家在人员、设备、经费等方面给予扶助。

3. 各级人民政府应当对归侨、侨眷依法投资兴办产业，特别是兴办高新技术企业、兴办公益事业予以支持。

4. 归侨、侨眷申请出境，有关主管部门应当在规定期限内办理手续。

   归侨、侨眷确因境外直系亲属病危、死亡或者限期处理境外财产等特殊情况急需出境的，有关主管部门应根据申请人提供的有效证明优先办理手续。

   归侨、侨眷申请自费出境学习、讲学的，或者因经商出境的，其所在单位和有关部门应当提供便利。

侵害救济

归侨、侨眷合法权益受到侵害时

1. 有权要求有关主管部门依法处理
2. 向人民法院提起诉讼

什么是公民维护国家统一和民族团结的义务？

维护国家统一

宪法序言

中华人民共和国是全国各族人民共同缔造的统一的多民族国家。

宪法正文

中华人民共和国公民有维护国家统一和全国各民族团结的义务。

国家统一是公民享有基本权利的重要条件

维护国家统一包括维护国家主权独立

任何公民都负有维护国家统一的义务

刑法规定的分裂国家统一行为的罪名

- 分裂国家罪
- 煽动分裂国家罪
- 资助危害国家安全犯罪活动罪

维护民族团结

宪法

中华人民共和国各民族一律平等。

1. 保证少数民族聚居的地方实行区域自治
2. 保障各少数民族的合法的权利和利益
3. 禁止对任何民族的歧视和压迫

宪法

第53条规定："中华人民共和国公民必须遵守宪法和法律，保守国家秘密，爱护公共财产，遵守劳动纪律，遵守公共秩序，尊重社会公德。"

具体包括以下几方面内容：

1 遵守宪法和法律

宪法是国家的根本大法，在内容上，规定了国家最根本、最重要的问题，具有国家总章程的意义。在法律效力上，宪法具有最高法律效力。法律是全国人大和全国人大常委会制定的，效力低于宪法但高于其他法律文件。只有确保宪法和法律的实施，才能维护社会主义法治的统一和尊严。

2 保守国家秘密

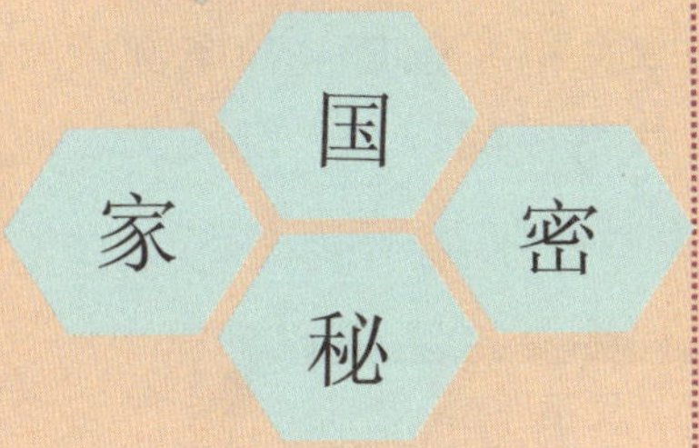

①国家事务重大决策中的秘密事项

②国防建设和武装力量活动中的秘密事项

③外交和外事活动中的秘密事项以及对外承担保密义务的秘密事项

④国民经济和社会发展中的秘密事项

⑤科学技术中的秘密事项

⑥维护国家安全活动和追查刑事犯罪中的秘密事项

⑦经国家保密行政管理部门确定的其他秘密事项

3 爱护公共财产

《宪法》第12条规定："社会主义的公共财产神圣不可侵犯……禁止任何组织或者个人利用任何手段侵占或者破坏国家的和集体的财产。"

公共财产包括国有财产和集体财产。

4 遵守劳动纪律

劳动纪律是劳动者进行社会生产劳动必须共同遵守的规章制度。

遵守劳动纪律是保护劳动者生产安全的重要保证。

5 遵守公共秩序

自觉遵守公共秩序既是一项法律义务，也是一种道德要求。对于严重扰乱和破坏社会公共秩序的行为，应视其具体情节，依法给予处罚和制裁。

6 尊重社会公德

《宪法》第24条第2款规定："国家倡导社会主义核心价值观，提倡爱祖国、爱人民、爱劳动、爱科学、爱社会主义的公德……"

我们在尊重社会公德的同时，要树立社会主义荣辱观，处理好个人、集体、国家三者之间的关系，端正人生态度，崇尚高尚道德风尚。

什么是维护祖国安全、荣誉和利益的义务？

《宪法》第54条规定："中华人民共和国公民有维护祖国的安全、荣誉和利益的义务，不得有危害祖国的安全、荣誉和利益的行为。"

维护祖国安全

是指国家的领土完整和主权不受干扰，国家政权不受威胁。只有在祖国安全得到保障的前提下，公民才有可能实现自己的权利和自由。

维护祖国荣誉

是指国家的声誉和荣誉不受损害。公民对祖国应当有自尊心和自豪感，要把维护祖国荣誉当作自己的神圣职责。

维护祖国利益

是指公民在享受宪法规定的权利义务的同时，要维护祖国利益，正确处理国家利益、集体利益、个人利益这三者之间的关系，以国家利益为重，以集体利益为重。

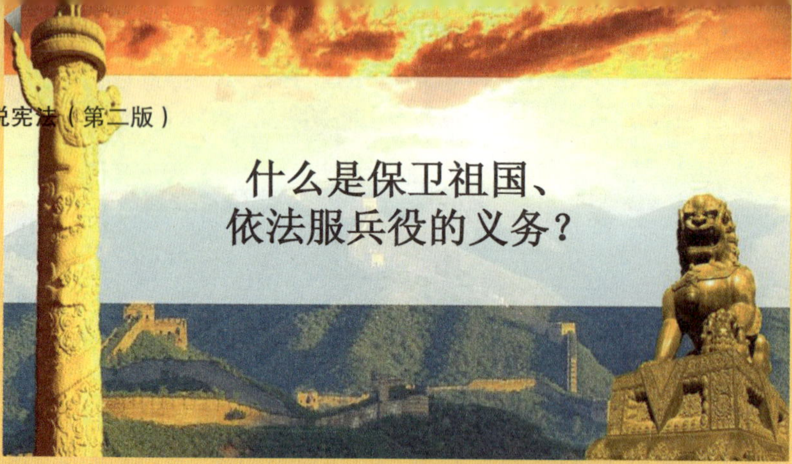

什么是保卫祖国、依法服兵役的义务？

服兵役的有关规定

《宪法》第55条规定："保卫祖国、抵抗侵略是中华人民共和国每一个公民的神圣职责。依照法律服兵役和参加民兵组织是中华人民共和国公民的光荣义务。"

《兵役法》第5条第1款规定："中华人民共和国公民，不分民族、种族、职业、家庭出身、宗教信仰和教育程度，都有义务依照本法的规定服兵役。"

《兵役法》第20条第1款规定："年满十八周岁的男性公民，应当被征集服现役；当年未被征集的，在二十二周岁以前仍可以被征集服现役。普通高等学校毕业生的征集年龄可以放宽至二十四周岁，研究生的征集年龄可以放宽至二十六周岁。"

免服兵役的情形

有严重生理缺陷

严重残疾

不得服兵役的情形

依照法律被剥夺政治权利的人，不得服兵役

兵役的征集

根据军队需要和本人自愿，可以征集年满17周岁未满18周岁的公民服现役

12月31日前年满18周岁的公民 → 兵役登记 →（审查合格）→ 体格检查 → 符合条件 →（经兵役机关批准）→ 被征集服现役

兵役的缓征、不征集

缓征：应征公民是维持家庭生活的唯一劳动力

不征集：应征公民正在被依法侦查、起诉、审判的或者被判处徒刑、拘役、管制正在服刑

法律责任

- 拒绝、逃避兵役登记和体格检查
- 应征公民拒绝、逃避征集
- 预备役人员拒绝、逃避参加军事训练、执行军事勤务和征召

→ 由县级人民政府责令限期改正 →（逾期不改）→ 强制其履行兵役服务，并可以处以罚款

什么是依法纳税的义务？

《宪法》第56条规定：“中华人民共和国公民有依照法律纳税的义务。”

税收的含义

税收是国家为了实现其职能的需要，依照法律规定向公民、法人或者其他组织征收货币和实物。

税收的意义

之所以要纳税，是因为纳税人享有如下方面的公共服务和社会保障。

纳税的特征

- ☑ 无偿性
- ☑ 固定性
- ☑ 强制性

应纳个人所得税的纳税项目

1. 工资、薪金所得；
2. 劳务报酬所得；
3. 稿酬所得；
4. 特许权使用费所得；
5. 经营所得；
6. 利息、股息、红利所得；
7. 财产租赁所得；
8. 财产转让所得；
9. 偶然所得。

税收的立法

决定税收的机关 —— 全国人大及其常委会

有关税收制度的事项 —— 只能制定法律予以规范

目前，我国已经制定或修改了《税收征收管理法》以及《个人所得税法》等法律，这些法律对公民的纳税义务作出了规定。

根据我国《税收征收管理法》第60条的规定，纳税人有下列行为之一的，由税务机关责令限期改正，可以处2000元以下的罚款；情节严重的，处2000元以上10,000元以下罚款：

1. 未按照规定的期限申报办理税务登记、变更或者注销登记的；

2. 未按照规定设置、保管账簿或者保管记账凭证和有关资料的；

3. 未按照规定将财务、会计制度或者财务、会计处理办法和会计核算软件报送税务机关备查的；

4. 未按照规定将其全部银行账号向税务机关报告的；

5. 未按照规定安装、使用税控装置，或者损毁、擅自改动税控装置的。

国家机构

全国人大的性质、地位及组成是怎样的？

全国人大的性质、地位

我国《宪法》第57条规定："中华人民共和国全国人民代表大会是最高国家权力机关。它的常设机关是全国人民代表大会常务委员会。"

我国的一切权力属于人民，人民行使国家权力的机关是全国人大和地方各级人大。这就表明了全国人大的性质和地位。

全国人大是由**民主选举**产生的，全国人大集中地体现了**国家的一切权力属于人民**。

全国人大作为**最高国家权力机关**，统一行使全国人民赋予的最高国家权力，向全国人民负责，受全国人民监督，其他中央国家机关都由全国人大产生，对它负责、受它监督。

全国人民代表大会

- 最高国家行政机关
- 最高国家监察机关
- 最高国家审判机关
- 最高国家检察机关

- 国家机关
- 武装力量
- 政党
- 社会团体
- 企事业组织
- 所有公民

全国人大和全国人大常委会行使**国家立法权**。

全国人大通过的法律和决议，一切国家机关和武装力量、各政党和各社会团体、各企事业组织以及所有公民必须**严格遵守**，以保证它的实施。

全国人大的组成

我国《宪法》第59条第1款规定：“全国人民代表大会由省、自治区、直辖市、特别行政区和军队选出的代表组成。各少数民族都应当有适当名额的代表。”

省
自治区
直辖市
特别行政区
军队

代表

少数民族代表

具体？

- 代表名额和代表产生办法由法律规定。
- 名额不超过3000人。
- 全国人大代表名额由全国人大常委会按照“人人平等、地区平等、民族平等”的原则进行分配。
- 人口特别少的少数民族至少应有1名代表。

全国人大代表的选举程序、工作方式是什么？

全国人大代表，实行**间接选举**，由下一级选举单位选举产生。即代表名额分配到各选举单位，按选举单位提名确定候选人，然后由选举单位的会议代表投票选举产生。

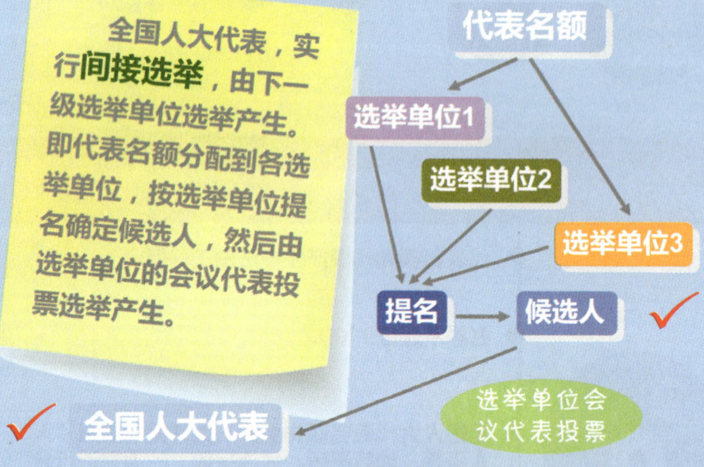

全国人大代表由各省、自治区、直辖市的人大和人民解放军选举产生。香港特别行政区、澳门特别行政区分别根据全国人大制定的选举办法，选举本行政区的全国人大代表。

全国代表大会和地方各级人民代表大会选举法

各省、自治区、直辖市人大选举产生本省、自治区、直辖市的全国人大代表。

中国人民解放军的全国人大代表由中国人民解放军各总部、各大战区、中央军事委员会机关的军人代表大会选举产生。

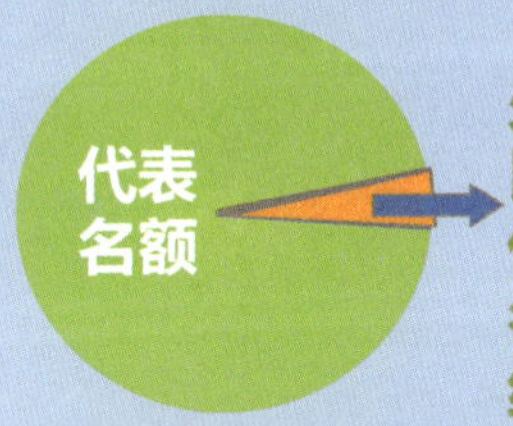

少数民族代表名额约占**12%**

人口特少的民族，至少应有代表1人。

工作方式

全国人大是最高国家权力机关，全国人大的工作方式是举行全国人大会议，听取和审议政府工作报告、审议法律案和各项议案，讨论和决定国家的重大问题，并选举、决定和罢免国家机关领导人员。

全国人大的每届任期为五年。全国人大会议，由全国人大常委会召集，一般于每年3月举行。

全国人大常委会认为有必要，或者有1/5以上的全国人大代表提议，可以临时召集全国人大会议。

立法权

全国人大有修改宪法，监督宪法实施，制定和修改刑事、民事、国家机构等基本法律的权力。

监督权

听取和审议全国人大常委会、国务院、最高人民法院、最高人民检察院的工作报告；改变或者撤销全国人大常委会不适当的决定；质询。

人事任免权

1 在选举方面

选举中华人民共和国主席、副主席；
选举中央军事委员会主席；
选举国家监察委员会主任；
选举最高人民法院院长；
选举最高人民检察院检察长。

2 在决定任命方面

根据国家主席的提名决定国务院总理的人选，根据国务院总理的提名决定国务院副总理、国务委员、各部部长、各委员会主任、审计长和秘书长的人选。根据中央军事委员会主席的提名决定中央军事委员会其他组成人员的人选。

3 在罢免权的行使方面

对以上人员，全国人大有权予以罢免。按照法律规定，罢免案必须由全国人大主席团或者**3个以上**的代表团或者**1/10以上**的代表提出，由主席团提请大会审议，并经全体代表的**过半数**同意，才能通过。

我国《宪法》第63条规定全国人大有权罢免下列人员：

- 中华人民共和国主席、副主席；
- 国务院总理、副总理、国务委员、各部部长、各委员会主任、审计长、秘书长；
- 中央军事委员会主席和中央军事委员会其他组成人员；
- 国家监察委员会主任；
- 最高人民法院院长；
- 最高人民检察院检察长。

重大事项决定权

- ✓ 全国人大有权审查和批准国民经济和社会发展计划和计划执行情况的报告；
- ✓ 有权审查和批准国家的预算和预算执行情况的报告；

- ✓ 批准省、自治区和直辖市的建置；
- ✓ 决定特别行政区的设立及其制度；
- ✓ 决定战争和和平的问题；
- ✓ 履行应当由最高国家权力机关行使的其他职权。

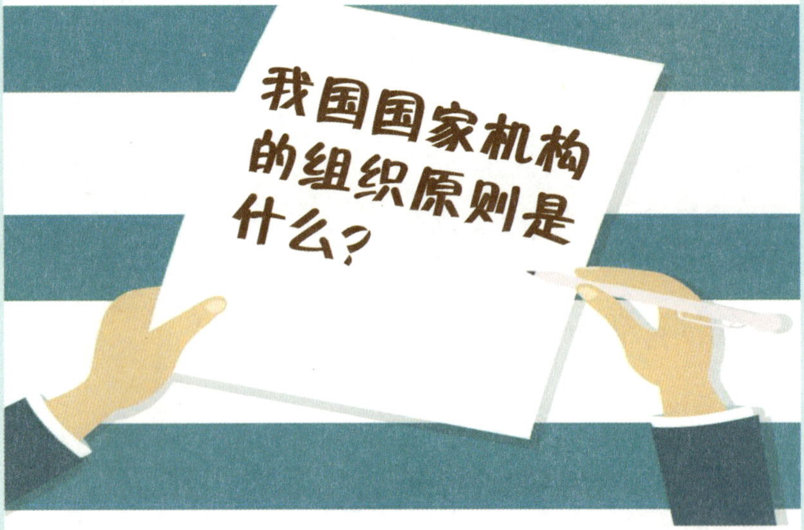

《宪法》第3条第1款规定："中华人民共和国的国家机构实行民主集中制的原则。"

在我国的政治生活中，必须按照民主集中制原则，正确处理民主与集中的关系，把民主基础上的集中和集中指导下的民主紧密结合起来。

1 国家的权力源于人民

各级人大都由民主选举产生，对人民负责，受人民监督。

全国人大代表和地方各级人大代表受原选举单位的监督，原选举单位和选民有权依照法律规定的程序，罢免和改选自己选出的代表。

2 全过程人民民主

我们走的是一条中国特色社会主义政治发展道路，人民民主是一种**全过程的民主**，所有的重大立法决策都是依照程序、经过民主酝酿，通过科学决策、民主决策产生的。

——习近平

3 国家权力机关与其他国家机关之间遵循民主集中制原则

最高国家权力机关……………→全国人大

全国人大常设机关……………→全国人大常委会

国家主席、国务院、中央军事委员会、国家监察委员会、最高人民法院、最高人民检察院都由**全国人大**产生，对它负责，受它监督。

4 中央与地方国家机构职权划分遵循民主集中制原则

1.中央统一领导
2.充分发挥地方的主动性、积极性的原则

国家机关工作原则是什么？

精简原则

国家机关只能根据实际工作的需要而设置

国家机关的设置应顺应现实需要作出相应的改变

责任制原则

中央军委	主席负责制
国务院	总理负责制
各部、委	部长、主任负责制
地方各级人民政府	省长、自治区主席、市长、州长、县长、区长、乡长、镇长负责制

培训和考核原则

宪法

一切国家机关实行工作人员的培训和考核制度，不断提高工作质量和工作效率，反对官僚主义

公务员法

分别对公务员的任职条件、权利义务、职务与级别、录用、考核、职务任免及升降与奖励等作出了明确的规定

密切联系群众原则

国家机关及其工作人员的宗旨就是
全心全意为人民服务

1.要尊重人民群众
2.要善于倾听人民群众的意见和建议
3.要充分反映人民群众的意愿
4.要接受人民群众的监督

宪法的修改方式和程序是什么？

宪法的修改是指享有宪法修改权的国家机关或其他特定的主体对宪法的内容加以变更的补充、调整活动。

修改方式：变更、废除、增加

修改程序

由全国人大常委会或 1/5 以上的全国人大代表提议

↓

全国人大以全体代表的 2/3 以上的多数通过

↓

宪法修正案由全国人大主席团公布

全国人大常委会是怎样产生的？

全国人大常委会及其组成人员是怎样产生的？

全国人大常委会的产生

由全国人大选举产生

↓

对全国人大负责并报告工作

全国人大常委会组成人员的产生

由每届全国人大第一次会议主席团从代表中提出人选

↓

各代表团酝酿协商

↓

由主席团根据多数代表的意见确定正式候选人名单

↓

由大会全体会议选举产生

历届全国人大常委会组成人员与名额不相同

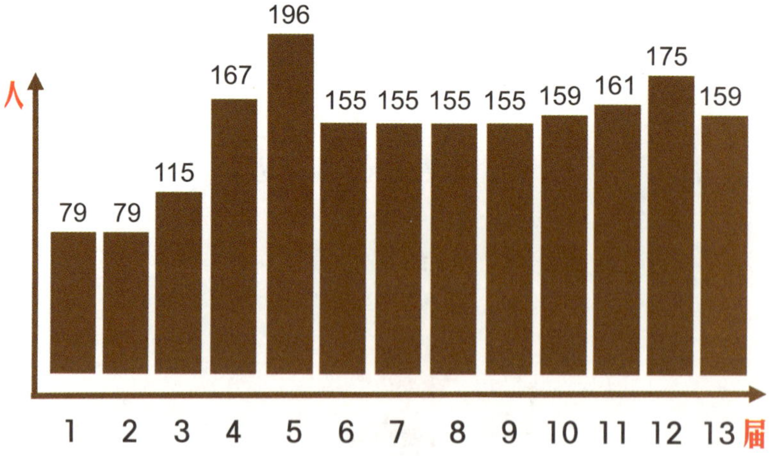

全国人大常委会由哪些人员组成？

全国人大常委会由哪些人员组成？

全国人大常委会的组成

委员长　副委员长（若干人）　秘书长 → 实行等额选举

委员（若干人） → 实行差额选举

1 常委会组成人员候选人得票数**超过**全体代表的**半数**，始得当选。

2 如果委员长、副委员长、秘书长候选人得票数**不超过**全体代表的**半数**，由主席团另提名人选进行选举。

全国人大常委会的任期

全国人大常委会的任期为 5年

委员长、副委员长连续任职不得超过两届

其他组成人员的任期则不受限制

常委会组成人员不得担任国家行政机关、监察机关、审判机关和检察机关的职务

担任上述职务的，必须向常委会辞去常委会组成人员的职务

全国人大常委会有哪些职权？

根据我国《宪法》的规定，全国人大常委会的职权有：

宪法解释权、宪法监督权

解释宪法、监督宪法的实施

立法权

01 制定和修改除应当由全国人民代表大会制定的法律以外的其他法律

02 在全国人民代表大会闭会期间，对全国人民代表大会制定的法律进行部分补充和修改，但是不得同该法律的基本原则相抵触

法律解释权

人事任免权

在全国人大闭会期间，
根据国务院总理的提名，决定

部长
委员会主任
审计长
秘书长

的人选

在全国人大闭会期间，根据
中央军事委员会主席的提名，决定

中央军事委员会其他组成人员

的人选

根据国家监察
委员会主任的提请，任免

国家监察委员会副主任
委员

根据最高人民法院院长的提请，

任免

根据最高人民检察院检察长的提请，

任免

并且批准省、自治区、直辖市的人民检察院检察长的任免

决定驻外全权代表的任免

监督权

01 **监督国家机关的工作**

撤销国务院制定的同宪法、法律相抵触的行政法规、决定和命令
撤销省、自治区、直辖市国家权力机关制定的同宪法、法律和行政法规相抵触的地方性法规和决议

02 **备案审查**

行政法规、监察法规、地方性法规、自治条例和单行条例、经济特区法规、司法解释等应当报送全国人大常委会备案，全国人大常委会有权撤销、纠正与宪法法律相抵触的法规、司法解释

重大事项决定权

1 在全国人大闭会期间，审查和批准国民经济和社会发展计划、国家预算在执行过程中所必须作的部分调整方案。

2 决定同外国缔结的条约和重要协定的批准和废除。

3 规定军人和外交人员的衔级制度和其他专门衔级制度。

4 规定和决定授予国家的勋章和荣誉称号。

5 决定特赦。

6 在全国人大闭会期间，如果遇到国家遭受武装侵犯或者必须履行国际间共同防止侵略的条约的情况，决定战争状态的宣布。

7 决定全国总动员或者局部动员。

8 决定全国或者个别省、自治区、直辖市进入紧急状态。

其他职权

全国人大授予的其他职权。

全国人大常委会的工作方式是怎样的？

全国人大常委会的工作方式

全国人大常委会会议

主持：全国人大常委会委员长

会期：一般每2个月举行1次；有特殊需要的时候，可以临时召集会议

形式：全体会议、分组会议、联组会议

出席人数：常委会全体组成人员过半数出席

列席人员：

01 一府一委两院、中央军事委员会的负责人

02 不是常务委员会组成人员的全国人大专门委员会主任委员、副主任委员、委员，常委会副秘书长、工作委员会主任、副主任，有关部门负责人

03 各省、自治区、直辖市的人大常委会主任或者副主任一人

04 并可以邀请有关的全国人民代表大会代表列席会议

专门委员会

- 民族委员会
- 宪法和法律委员会
- 监察和司法委员会
- 财政经济委员会
- 教育科学文化卫生委员会
- 外事委员会
- 华侨委员会
- 环境与资源保护委员会
- 农业与农村委员会
- 社会建设委员会

专门委员会的职能

1 审议全国人大主席团或者全国人大常委会交付的议案。

2 向全国人大主席团或者全国人大常委会提出属于全国人大或者全国人大常委会职权范围内同本委员会有关的议案。

3 审议全国人大常委会交付的被认为同宪法、法律相抵触的国务院的行政法规、决定、命令，国务院各部委的命令、指示和规章，省、自治区、直辖市的人民政府的决定、命令和规章，并提出报告。

4 审议全国人大主席团或者全国人大常委会交付的质询案，听取受质询机关对质询案的答复，必要时向全国人大主席团或者全国人大常委会提出报告。

5 对属于全国人大或者全国人大常委会职权范围内同本委员会有关的问题，进行调查研究，提出建议。

另外，全国人大和全国人大常委会认为必要时，可以组织关于特定问题的调查委员会，并且根据调查委员会的报告，作出相应的决议。

人大代表的权利和义务是什么？

A 人大代表的权利

1. 出席本级人大会议
2. 审议有关议案报告
3. 提出议案
4. 提出质询案进行询问
5. 提出罢免案
6. 参加各项选举和表决
7. 人身受特别保护
8. 言论免责
9. 享有适当物质补助和便利

B 人大代表的义务

1 模范地遵守宪法和法律，保守国家秘密，在自己参加的生产、工作和社会活动中，协助宪法和法律的实施；

2 按时出席本级人民代表大会会议，认真审议各项议案、报告和其他议题，发表意见，做好会议期间的各项工作；

3 积极参加统一组织的视察、专题调研、执法检查等履职活动；

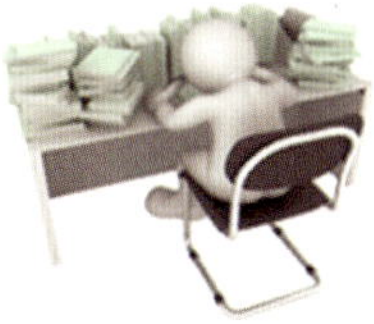

4 加强履职学习和调查研究，不断提高执行代表职务的能力；

5 与原选区选民或者原选举单位和人民群众保持密切联系，听取和反映他们的意见和要求，努力为人民服务；

6 自觉遵守社会公德，廉洁自律，公道正派，勤勉尽责；

7 法律规定的其他义务。

1 中华人民共和国主席的产生和任期

中华人民共和国主席是全国人大选举产生的中央国家机关的组成部分。

全国人大 —选举→ 中华人民共和国主席

具体选举程序：

全国人大主席团 —提出→ 国家主席和副主席人选 → 《全国人民代表大会议事规则》第38条

→ 各代表团酝酿 → 每届全国人大第一次会议主席团提出国家主席正式候选人名单

→ 全体会议表决 → 全体代表过半数，当选

国家主席的条件：

1. 中华人民共和国公民；
2. 享有选举权和被选举权；
3. 年满45周岁。

国家主席的任期：

每届 5 年

2 中华人民共和国主席的职权

1 根据全国人大的决定和全国人大常委会的决定

公布法律，任免国务院总理、副总理、国务委员、各部部长、各委员会主任、审计长、秘书长，授予国家的勋章和荣誉称号，发布特赦令，宣布进入紧急状态，宣布战争状态，发布动员令

2 代表中华人民共和国

进行国事活动，接受外国使节

3 根据全国人大常委会的决定

派遣和召回驻外全权代表，批准和废除同外国缔结的条约和重要协定

中华人民共和国副主席的职权是什么?

中华人民共和国副主席协助主席工作。职权主要有：

（1）中华人民共和国副主席受主席的委托，可以代行主席的部分职权。

（2）中华人民共和国主席缺位时，由副主席继任主席的职位。

01 中华人民共和国副主席缺位时，由全国人大补选。

02 中华人民共和国主席、副主席都缺位时，由全国人大补选；在补选以前，由全国人大常委会委员长暂时代理主席职位。

中华人民共和国国务院的性质、地位及组成是什么？

概念

中华人民共和国国务院，即中央人民政府，是最高国家权力机关的执行机关，是最高国家行政机关。国务院所属各部委是分管某一方面的行政事务的职能部门。

组成

国务院由下列人员组成：总理，副总理若干人，国务委员若干人，各部部长，各委员会主任，审计长，秘书长。

国务院实行总理负责制。各部、各委员会实行部长、主任负责制。

国务院机构

1 办公厅

2 组成部门

3 直属特设机构

4 直属机构

5 办事机构

6 直属事业单位

7 国家局

1 国务院办公厅主要办理国务院的日常工作。

2 国务院组成部门分别履行国务院基本的行政管理职能。

各部委的组成为：外交部、国防部、国家发展和改革委员会、教育部、科学技术部、工业和信息化部、国家民族事务委员会、公安部、国家安全部、民政部、司法部、财政部、人力资源和社会保障部、自然资源部、生态环境部、住房和城乡建设部、交通运输部、水利部、农业农村部、商务部、文化和旅游部、国家卫生健康委员会、退役军人事务部、应急管理部、中国人民银行、审计署。

各组成部门的设立、撤销或者合并，由国务院机构编制管理机关提出方案，经国务院常务会议讨论通过后，由国务院总理提请全国人大或其常委会决定。

3 国家院直属特设机构：国务院国有资产监督管理委员会。

4 国务院直属机构主管国务院的某项专门业务。

设置由国务院机构编制管理机关提出方案，报国务院决定。

直属机构的组成为：中华人民共和国海关总署、国家税务总局、国家市场监督管理总局、国家广播电视总局、国家体育总局、国家统计局、国家国际发展合作署、国家医疗保障局、国务院参事室、国家机关事务管理局。

5 国务院办事机构主要有两个。

A 国务院港澳事务办公室

B 国务院研究室

它们的设置由国务院机构编制管理机关提出方案，报国务院决定。

6 国务院直属事业单位。

- 新华通讯社
- 中国社会科学院
- 国务院发展研究中心
- 中国气象局
- 中国证券监督管理委员会
- 中国科学院
- 中国工程院
- 中央广播电视总台
- 中国银行保险监督管理委员会

7 国务院部委管理的国家局主管特定业务。

- 国家信访局
- 国家能源局
- 国家烟草专卖局
- 国家林业和草原局
- 中国民用航空局
- 国家文物局
- 国家矿山安全监察局
- 国家药品监督管理局
- 国家粮食和物资储备局
- 国家国防科技工业局
- 国家移民管理局
- 国家铁路局
- 国家邮政局
- 国家中医药管理局
- 国家外汇管理局
- 国家知识产权局

它们的设置由国务院机构编制管理机关提出方案，报国务院决定。

• 1 根据宪法和法律，规定行政措施，制定行政法规，发布决定和命令。

• 2 向全国人大或者全国人大常委会提出议案。

法律案

预算案

任免案

条约案

国民经济和社会发展计划案

职权范围内必须由最高国家权力机关审议和决定的其他事项

•3 规定各部和各委员会的任务和职责。

A 统一领导各部和各委员会的工作

B 领导不属于各部和各委员会的全国性的行政工作

•4 统一领导全国地方各级国家行政机关的工作，规定中央和省、自治区、直辖市的国家行政机关职权的具体划分。

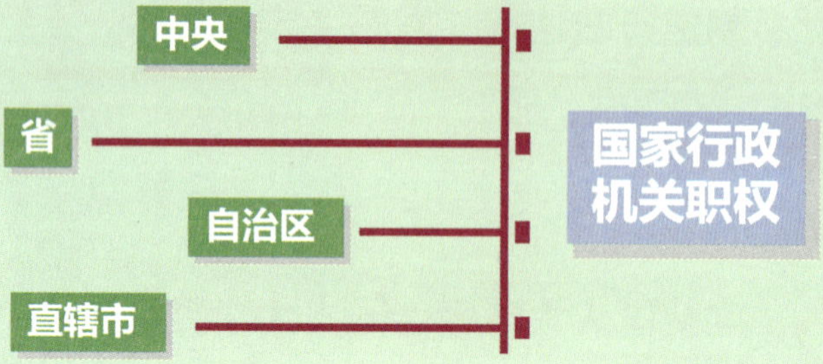

•5 编制和执行国民经济和社会发展计划和国家预算。

•6 领导和管理经济工作和城乡建设、生态文明建设。

•7 领导和管理教育、科学、文化、卫生、体育和计划生育工作。

- 01 教育
- 02 科学
- 03 文化
- 04 卫生
- 05 体育
- 06 计划生育

•8 领导和管理民政、公安、司法行政等工作。

•9 管理对外事务，同外国缔结条约和协定。

•10 领导和管理国防建设事业。

•11 领导和管理民族事务。

保障少数民族的平等权利和民族自治地方的自治权利。

•12 保护华侨的正当权利和利益，保护归侨和侨眷的合法权利和利益。

•13 改变或者撤销各部、各委员会发布的不适当的命令、指示和规章。

•14 改变或者撤销地方各级国家行政机关的不适当的决定和命令。

•15 批准省、自治区、直辖市的区域划分，批准自治州、县、自治县、市的建置和区域划分。

•16 依照法律规定决定省、自治区、直辖市的范围内部分地区进入紧急状态。

•17 审定行政机构的编制，依照法律规定任免、培训、考核和奖惩行政人员。

•18 全国人大和全国人大常委会授予的其他职权。

我国总理负责制的主要内容是什么？

我国《宪法》第88条规定："总理领导国务院的工作。副总理、国务委员协助总理工作。总理、副总理、国务委员、秘书长组成国务院常务会议。总理召集和主持国务院常务会议和国务院全体会议。"

国务院实行总理负责制体现在以下四个方面

1 总理全面领导国务院工作，总理代表国务院对全国人大及其常委会负责。副总理、国务委员协助总理工作，并与秘书长、各部部长、各委员会主任、审计长一起对总理负责。

2 总理对国务院工作中的重大问题具有最后决策权。

3 总理有权向全国人大及其常委会提出副总理、国务委员、各部部长、各委员会主任、审计长、秘书长的任免人选。

4 国务院发布的决定、命令和行政法规，向全国人大及其常委会提出的议案，任免行政人员，须由总理签署，才具有法律效力。

中央军事委员会由哪些人员组成？行使哪些职权？

中华人民共和国中央军事委员会

- 领导全国武装力量
- 主席对全国人大和全国人大常委会负责

中央军事委员会的组成

- ☑ 主席
- ☑ 副主席 若干人
- ☑ 委员 若干人

中央军事委员会领导体制和任期

01 主席负责制

02 每届任期为5年

中央军事委员会主席和其他组成人员产生方式

中央军事委员会职能

中央军事委员会职权

01 统一指挥全国武装力量；

02 决定军事战略和武装力量作战方针；

03 领导和管理中国人民解放军的建设；

04 向全国人大或其常委会提出议案

05 根据宪法和法律制定军事法规，发布决定和命令

06 决定中国人民解放军的体制和编制，规定总部以及战区、军兵种和其他战区级单位的任务和职责

07 任免、培训、考核和奖惩武装力量成员

08 批准武装力量的武器装备体制和武器装备发展规划、计划，协同国务院领导和管理国防科研生产

09 会同国务院管理国防经费和国防资产

10 法律规定的其他职权

地方各级人大的选举程序和职权是什么？

地方各级人大包括：

- 省人大
- 直辖市人大
- 县人大
- 市人大
- 乡人大
- 镇人大
- 自治区人大
- 自治州人大
- 自治县人大
- 市辖区人大
- 民族乡人大

全国人大与地方各级人大的关系

- ✗ 隶属关系
- ✓ 监督工作

地方人大代表如何产生

省、自治区、直辖市、设区的市、自治州

人大代表由下一级人大选举

不设区的市、市辖区、县、自治县、乡、民族乡、镇

人大代表由选民直接选举

人大代表每届任期均为5年

地方各级人大的职权

1. 在本行政区域内，保证宪法、法律、行政法规的遵守和执行
2. 依照法律规定的权限，通过和发布决议，审查和决定地方的经济、文化和公共事业建设的计划
3. 县级以上的地方各级人大审查和批准本行政区域内的国民经济和社会发展计划、预算以及它们的执行情况的报告；有权改变或撤销本级人大常委会不适当的决定
4. 省、直辖市的人大和它们的常委会，在不同宪法、法律、行政法规相抵触的前提下，可以制定地方性法规，报全国人大常委会备案。设区的市的人大和它们的常委会，在不同宪法、法律、行政法规和本省、自治区的地方性法规相抵触的前提下，可以依照法律规定制定地方性法规，报本省、自治区人大常委会批准后施行
5. 地方各级人大分别选举并且有权罢免本级人民政府的省长和副省长、市长和副市长、县长和副县长、区长和副区长、乡长和副乡长、镇长和副镇长。县级以上的地方各级人大选举并且有权罢免本级监察委员会主任、本级人民法院院长和本级人民检察院检察长

- 省人大及其常委会
- 自治区人大及其常委会
- 直辖市人大及其常委会
- 设区的市人大及其常委会

  《立法法》规定的四个不设区的地级市比照适用设区的市地方立法权的规定
- 自治州人大及其常委会

1

省人大及其常委会
自治区人大及其常委会
直辖市人大及其常委会

↓

制定地方性法规

↓

报全国人大常委会和国务院备案

2

设区的市和自治州的人大及其常委会

↓

制定地方性法规

↓

报省、自治区的人大常委会批准

↓

报全国人大常委会和国务院备案

县级以上地方各级 人大常委会 工作方式是什么？

县级以上地方各级人大常委会是本级人大的常设机关，是同级国家权力机关的组成部分。

乡镇一级：☒人大常委会 ☑人大主席 ☑副主席

地方人大常委会组成

本级人大在代表中 —— 选举 —— 主任、副主任若干人、委员若干人 —— 任期 —— 每届5年

常委会组成人员不得担任

☒ 行政机关职务 ☒ 监察机关职务 ☒ 审判机关职务 ☒ 检察机关职务

本级人大闭会期间常委会的职权

1. 讨论、决定本行政区域内各方面工作的重大事项
2. 监督本级人民政府、监察委员会、人民法院和人民检察院的工作
3. 撤销本级人民政府的不适当的决定和命令
4. 撤销下一级人大的不适当的决议
5. 依照法律规定的权限决定国家机关工作人员的任免
6. 在本级人大闭会期间，罢免和补选上一级人大的个别代表

监察委员会的地位和职责是什么？

监察委员会是国家的监察机关

各级监察委员会是国家的监察机关，依法对所有行使公权力的公职人员进行监察，调查职务违法和职务犯罪，开展廉政建设和反腐败工作。

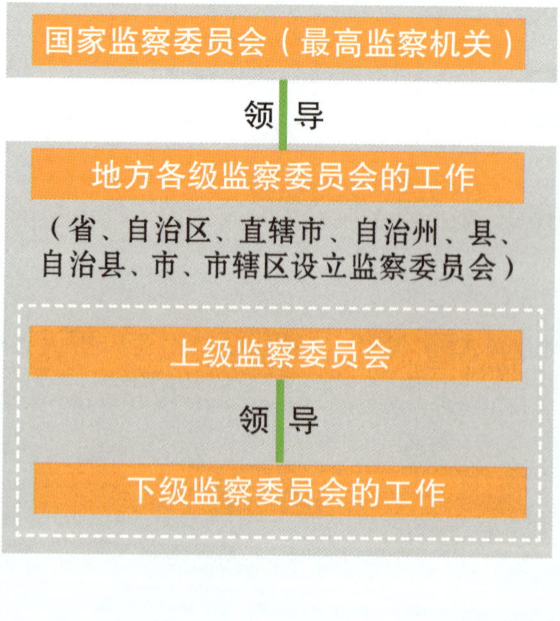

监察委员会由下列人员组成

主任 { 副主任 若干人 } { 委员 若干人 }

监察委员会主任每届任期同本级人大每届任期相同。国家监察委员会主任连续任职不得超过两届。

国家监察委员会对全国人大和全国人大常委会负责。

地方各级监察委员会对产生它的国家权力机关和上一级监察委员会负责。

监察委员会依法独立行使监察权

监察委员会依照法律规定独立行使监察权，不受行政机关、社会团体和个人的干涉。

监察机关办理职务违法和职务犯罪案件，应当与审判机关、检察机关、执法部门互相配合，互相制约。

监察委员会的职责是什么？

监察委员会依照《监察法》和有关法律规定履行监督、调查、处置职责：

1 对公职人员开展廉政教育，对其依法履职、秉公用权、廉洁从政从业以及道德操守情况进行监督检查；

2 对涉嫌贪污贿赂、滥用职权、玩忽职守、权力寻租、利益输送、徇私舞弊以及浪费国家资财等职务违法和职务犯罪进行调查；

3 对违法的公职人员依法作出政务处分决定；对履行职责不力、失职失责的领导人员进行问责；对涉嫌职务犯罪的，将调查结果移送人民检察院依法审查、提起公诉；向监察对象所在单位提出监察建议。

监察机关对下列公职人员和有关人员进行监察：

1 中国共产党机关、人大及其常委会机关、人民政府、监察委员会、人民法院、人民检察院、中国人民政治协商会议各级委员会机关、民主党派机关和工商业联合会机关的公务员，以及参照《公务员法》管理的人员；

2 法律、法规授权或者受国家机关依法委托管理公共事务的组织中从事公务的人员；

3 国有企业管理人员；

4 公办的教育、科研、文化、医疗卫生、体育等单位中从事管理的人员；

5 基层群众性自治组织中从事管理的人员；

6 其他依法履行公职的人员。

人民法院在国家机构中的地位是什么？

人民法院是国家的审判机关

人民法院依照法律规定**独立行使审判权**，不受行政机关、社会团体和个人的干涉。

人民法院
- 最高人民法院
- 地方各级人民法院
  - 高级人民法院
  - 中级人民法院
  - 基层人民法院
- 军事法院等专门人民法院

最高人民法院（最高审判机关）

↓ 监督

地方各级人民法院和专门人民法院的审判工作

> 上级人民法院
>
> ↓ 监督
>
> 下级人民法院的审判工作

人民法院与国家权力机关的关系

最高人民法院对全国人大和全国人大常委会负责并报告工作

- **全国人大** —— 选举 —— 最高人民法院院长（连续任职不得超过两届）
- **全国人大常委会** —— 任免（最高人民法院）：
  - 副院长
  - 审判员
  - 审判委员会委员
  - 军事法院院长

地方各级人民法院对本级人大及其常委会负责并报告工作

- **县级以上的地方各级人大** —— 选举 / 罢免 —— 本级人民法院院长（任期与本级人大每届任期相同）
- **地方各级人大常委会** —— 任免（人民法院）：
  - 副院长
  - 庭长
  - 副庭长
  - 审判委员会委员
  - 审判员

人民法院的审级制度及审判工作原则是什么？

人民法院的审级制度

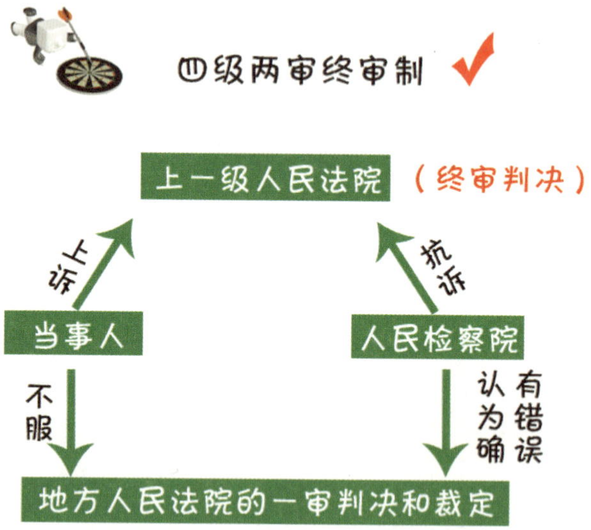

终审案件：最高人民法院作为一审法院审判的案件

人民法院审判工作的制度与原则

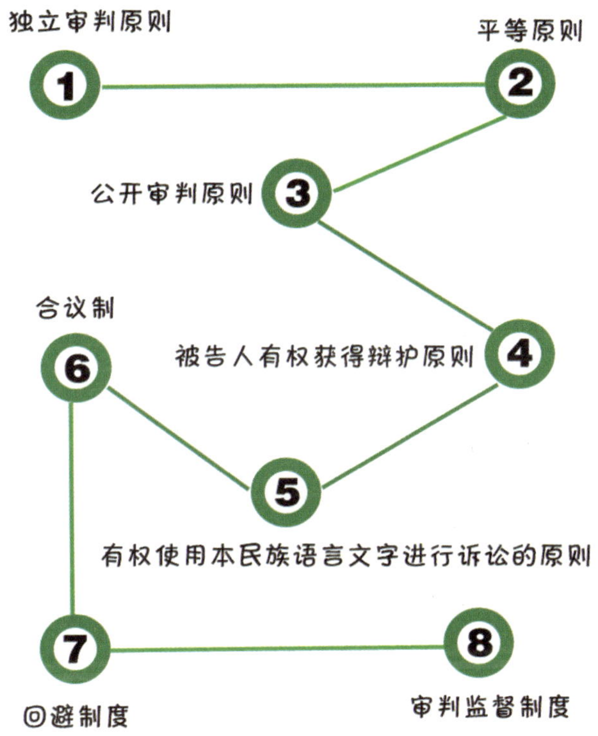

独立审判原则

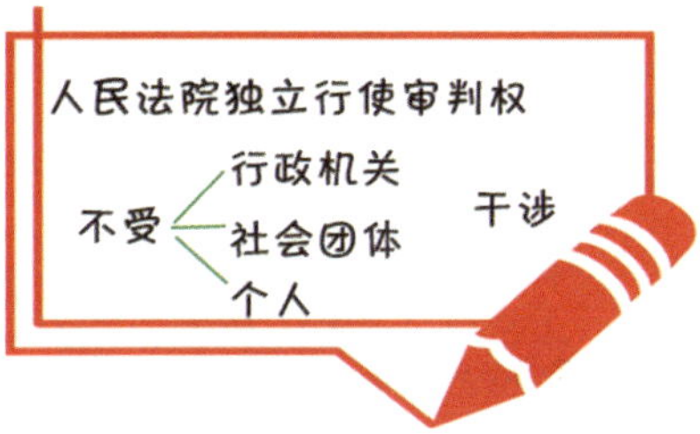

平等原则

适用法律平等，不搞特权主义。

公开审判原则

- 公开审理

除涉及——国家机密、个人隐私、未成年人犯罪案件

- 公开宣判：一律公开宣判

被告人有权获得辩护原则

可以充当辩护角色的有：

✔ 被告人本人

✔ 律师

✔ 人民团体或者被告人所在单位推荐的人

✔ 被告人的监护人、亲友

有权使用本民族语言文字进行诉讼的原则

法院和检察院对于不通晓当地通用语言文字的当事人，应当为他们翻译

合议制

- 第一审合议庭：法官或者法官+人民陪审员
- 第二审合议庭：法官，合议庭人员=单数
- 再审和重审的合议庭：

再审
- 原来一审：按照一审另行组成
- 原来二审或提审：按照二审另行组成

重审：按照一审规定组成

回避制度

审判人员回避事由：

- 本案的当事人或当事人、诉讼代理人的近亲属
- 与本案有利害关系
- 可能影响对案件公正审理的其他人员

审判监督制度

最高人民法院 —监督→ 地方各级人民法院和专门人民法院的审判工作

上级人民法院 —监督→ 下级人民法院的审判工作

人民检察院是国家的法律监督机关

我国

- 最高人民检察院
- 地方各级人民检察院
- 专门人民检察院

最高人民检察院检察长

任期 = 5年

连续任职 ≤ 2届

01 人民检察院在国家机构中的地位

独立地位　　独立行使检察权

02 人民检察院的任务

01 追诉犯罪

02 维护国家安全和社会秩序

03 维护个人和组织的合法权益

04 维护国家利益和社会公共利益

05 保障法律正确实施

06 维护社会公平正义

07 维护国家法制统一、尊严和权威

08 保障中国特色社会主义建设的顺利进行

人民检察院有哪些职权？

各级人民检察院行使下列职权：

01 可以立案侦查法定的部分案件

02 审查公安等机关侦查的案件

决定是否 逮捕 起诉

03 实行监督

公安等机关的侦查活动是否合法

人民法院的审判活动是否合法

刑事案件判决、裁定的执行是否合法

监狱、看守所等机关的活动是否合法

国旗、国歌、国徽、首都

国歌同国旗、国徽一样，也是国家的象征和标志。在举行隆重集会、庆典以及国际交往等仪式时，通常演奏或者演唱国歌，以抒发爱国之情。

国歌歌谱的制定

1949年6月

中国人民政治协商会议筹备会议第六小组

国歌

国歌未正式制定前，《义勇军进行曲》为代国歌

1949年9月27日通过的

根据《关于中华人民共和国国都、纪年、国歌、国旗的决议》

1949年11月15日

《人民日报》就将《义勇军进行曲》确定为国歌进一步说明：

- 《义勇军进行曲》具有历史意义
- 采用《义勇军进行曲》为中华人民共和国国歌而不加修改，是为了唤起人民回想祖国创业过程中的艰难忧患，鼓舞人民发扬反抗帝国主义侵略的爱国热情，把革命进行到底

国歌写入宪法

2004年《宪法修正案》

中华人民共和国国歌是《义勇军进行曲》

国歌法

2017年9月1日第十二届全国人民代表大会常务委员会第二十九次会议通过

《国歌法》第2条规定：中华人民共和国国歌是《义勇军进行曲》

我国
国旗和国徽有什么含义？

国旗、国徽代表国家主权，象征国家尊严

我国的国旗

我国的国旗是五星红旗

红色	象征革命
五角星及相互关系	象征中国共产党领导下的革命人民大团结
四颗小星各有一角尖正对大星中心点	表示亿万人民的心都向着伟大的中国共产党

我国的国徽

国徽中间　五星照耀下的天安门

国徽周围　谷穗和齿轮

谷穗和齿轮　象征工农联盟

天安门　表示新民主主义革命的胜利和中华人民共和国的诞生

五星　代表中国人民的大团结

为什么首都是国家的象征？

首都同国歌、国旗、国徽一样，也是国家的象征。首都寄托着国民的爱国热情和国家认同感，是国家作为共同体存在的标志。我国宪法规定“中华人民共和国的首都是北京”。北京是我国的中央国家机关所在地，承载着全国政治中心、文化中心、国际交往中心、科技创新中心的首都功能。